JN094893

道徳教育の 実践にあたって
－人権教育としての展開可能性－

阿久澤麻理子・池田賢市
岡　健・水野佐知子

本書の目的
──道徳教育への麻痺から脱する──

　2018年4月から小学校で、その翌年からは中学校で「特別の教科 道徳」がはじまり、すでに多くの実践が積み重ねられ、よりよい道徳の授業をどう組み立てていくかといった研究会なども各地で開かれている。

　道徳教育が教科になること自体、第二次世界大戦後の教育をめぐるさまざまな議論を踏まえれば、カリキュラム改革としてかなり重大な出来事のはずなのだが、大きな議論や反対運動などが活発化することはなかった。1958年の学習指導要領改訂による「道徳の時間」の導入から半世紀以上が経ち、学校現場も保護者も、そして子どもたちも、公教育において道徳性が扱われることに慣れてしまった（麻痺してしまった）のだろう。もちろん、時の経過ばかりが要因というわけではない。いじめや犯罪などの青少年問題の予防になると言われることで、世論としてはむしろ望ましいこととして道徳の教科化を受け止めたのではないか。また、教員の側にも、これまでの「道徳の時間」で実践していたこととそれほど大きく変わるものではないとの意識があったかもしれない。実際に、道徳の教科書で扱われる読み物教材などが大きく変更になったということもなかった。

　要するに、道徳教育が教科になることの原理的問題や現実的問題を検討する前に実践することになってしまったわけである。したがって、本来ならば、「そもそも」というところから議論を始めたいところなのだが、その一方で、学校現場では多忙化の中で十分な教材研究もできないままに、教育実践が進行中である。そこで、本書では、原理的な問題を意識しつつも、道徳教育実践をどのような観点から検討し、その実践を組み直していけばよいか、また、どうすれば懸念される問題点を乗り越えていけるかを

検討し、提案してみたい。その際のポイントとして「人権（教育）」を掲げたい。人権教育は、戦後教育実践の展開の中でひとつの大きな柱として取り組まれ、歴史的な蓄積もある。また、国際的にも人権保障については長く取り組まれてきている。本書では、これらを踏まえ、教科としての道徳教育の現実的な問題点や課題に応えていく実践づくりにつなげていく議論をしたい。

　以下、本書の内容に関するいくつかの論点を示しておきたい。

1. 道徳教育を支える思い込み

　道徳教育の教科化の必要性を支える言説の中で大きな力をもつのは、いじめや犯罪などの青少年問題の予防になる、というものである。しかし、そんな因果関係は証明されていない。あくまでも印象論として、学校での道徳教育といじめや犯罪とが因果関係的に語られている。この発想は、1997年に起きた少年による神戸での殺傷事件、それを受けての中央教育審議会（以下、中教審）での「心の教育」を契機にしている。また、いじめを原因とした子どもの自死のニュースも「道徳の教科化」を支えている。中教審の議論の中では、道徳教育によって育成される意思や態度は、「確かな学力や健やかな体の育成などの基盤ともなる」とされ、すべての教科学習の基盤として道徳教育が位置づけられていた。

　しかし、「いじめ」をはじめとして犯罪行為をしてはいけない、ということはおそらく子どもたち全員が知っている。したがって、このような説教的教育が強化されれば、「悪」とされたものを徹底的に排除していくことになる。それを人に当てはめれば、いわゆる厳罰化ということになる。もちろん犯罪を容認するのではないが、人の行為には必ず理由や背景がある。道徳教育である限りは、そこを問い、議論し、課題として共有していく必要があるのではないか。人権の視点は、この時に力を発揮する。

2. 道徳による問題の個人化

　今日、教育改革の特徴のひとつとして、問題の「個人化」をあげることができる。心理主義的、自己責任的に問題を説明しようとすることが多い。そのような課題がなぜ生じたのかを社会構造の問題としてとらえていくこ

とが希薄となっている。

　道徳の教科化も、この流れの中にある。見えている現象にのみ着目し、それに対して個別的に、心の問題として、あるいは本人の努力の有無の問題として対応しようとする姿勢を培うことになっている。そうではなく、たとえば、ストレスにさらされる社会状況や経済格差による貧困問題などが、いじめや犯罪といった問題を生む要因としてあらかじめ人々の生活スタイルの中に組み込まれてしまっていないかどうか、このような発想に子どもたちを導く思考回路の提示が必要なのではないか。

3. 評価の困難性・権力性

　道徳教育が教科になることで、学校現場が抱える現実的な課題は、「評価」の問題であろう。道徳は、個人の心のあり方を問題にするのであるから、「評価」対象は子どもたちの心だということになる。このことの原理的な問いはつねに立てておく必要がある。これは、文部科学省が言う個人内評価等の方法を工夫すれば解決する問題ではない。人の内心のあり方を公的に（公権力が）問題視しうるということを認めることの問題性である。

　それでも評価をつけなければならない。指導要録に記載し公的文書として保存していくのだから、その書き方は慎重を要する。では、教員は、子どもたちの何を評価することになるのか。これは、子どもたちをどのようにみるのかという問題である。

4. 教科書内容の検討

　教科としての評価には、教科書内容との整合性も求められるだろう。教科としての道徳には、文部科学大臣の検定を経た教科書がある。そして、その使用は法的に義務づけられている。生活の中での具体的な人間関係における生き方とそれを支える価値に関する事柄である道徳について「教科書」をつくることができると考えること自体が問題とされるべきである。

　なぜ教科書が成り立つと考えたのか。その問いへの何らかの解答は、継続的課題として追究されていく必要がある。しかし、そこにとどまっていては、逆に現実的課題が解けなくなってしまう。そこで、教科書の特徴をどう整理し、それを踏まえて、どんな実践づくりをしていくかを検討して

いかなくてはならない。

5. 人権の視点の活用

　教科書を検討していくひとつの方法として「人権」の視点がある。人権概念自体が国際的にどのような議論の下で展開されてきているのかに注意を払いつつ、教科書にある教材をどう教材化し直すかが課題となっていくだろう。この時に、人権教育と道徳教育とが本来は別物である点に注意が必要である。人権教育には、権力構造への抵抗という側面があるのに対して、道徳教育は、内心の状態を問題とし、その個人がどう生きるかを問題とする。現実社会の中で両者が重なるところはあっても、ものの見方やそこから何を課題として引き出すかという点においては違いがある。

　したがって、その安易な接合論には注意しつつ、どんな授業実践づくりがありうるのかを検討していく必要がある。

　なお、本書は、現在の一般財団法人教育文化総合研究所の前身である国民教育文化総合研究所（道徳・人権教育研究委員会）によって2014年に発行された『これからの道徳教育・人権教育——「おもいやり・やさしさ」教育を越えて——』（アドバンテージサーバー）の続編として位置づく。当時は、道徳の教科化が話題には出ているもののその制度化以前であったため、道徳教育の実践上の問題点を十分に検討できていなかった。資料として付けた世界人権宣言（仮訳文）も活用し、また教員同士の横のつながりも重視しつつ、実践をつくり、その交流が盛んとなっていくことに本書が少しでも役立てばと思っている。

著者を代表して　池田　賢市

本書の構成

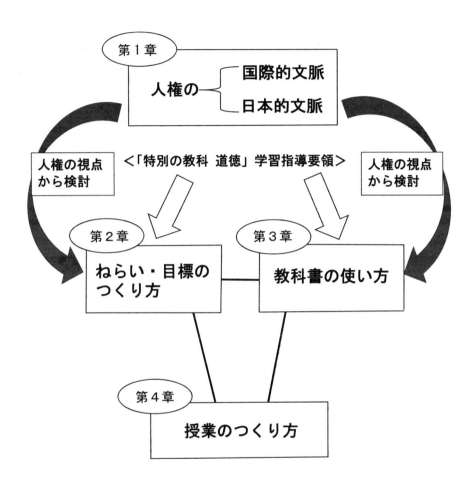

第1章

人権の ┌ 国際的文脈
      └ 日本的文脈

人権の視点から検討

＜「特別の教科 道徳」学習指導要領＞

人権の視点から検討

第2章

ねらい・目標のつくり方

第3章

教科書の使い方

第4章

授業のつくり方

もくじ

第1章

人権教育とは何か
——国際社会と「日本的文脈」——

阿久澤 麻理子

はじめに

　人権教育は道徳教育とイコールではない。だが、この二つをどうつなぐのかと繰り返し考えねばならないところに、人権教育の「日本的文脈」がある。

　教科化される以前の道徳や、総合的な学習の時間は、多くの現場で同和・人権教育を実践する場ともなってきた。教科外活動では、教科書や評価はなく、各地の教育研究団体が作成した副読本や、教育委員会の作成した資料、教員自らが工夫して作った地域教材などを使いながら、個性豊かな学習が展開されてきた。それゆえ、「道徳」が教科化されると、その枠の中で人権教育をどう引き継ぐのか、という問いが立ち上がることとなった。

　もっとも、倫理的価値を学び、学習者がその価値を内面化することは、人権を学ぶ上での基盤ともなる。人間の尊厳への理解、他者への共感があってこそ、「人権は法に記された権利」というだけでなく、人間らしく生きるための大切な条件として、私たちの心に響く価値ある存在となるからだ。

　だが、それでも人権（教育）が道徳（教育）に置き換わることはない。それなのに、この二つがきちんと区別されずにいること、そのことが「日本的文脈における課題」なのである。

1 人権教育における「日本的文脈」を考える

(1) エピソード1

　ところで、私が初めてこの「日本的文脈」にぶつかったのは、20年ほど前に行った調査によってであった。1999年から2年にわたり、私は1700人を超える教員と社会教育関係者を対象に、各地の人権研修会の場を借りて、アンケートを実施した。その冒頭に「人権とは何でしょうか。あなたの言葉で定義してください」という自由回答方式の問いを設けたところ、なんと、最も多くみられたのは、「おもいやり」「やさしさ」「いたわり」といった表現だった。

　人権を英語で記すと、human right"s"（名詞の複数形を示すsがついていることに注目）となるとおり、人権は数えられるほど具体的な権利であり、しかも複数ある。しかし日本では、人権は何か抽象的で、心情主義的な価値観のレベルでしかとらえられていないことを痛感した。

　また、あわせて多かった回答は、「人が生まれながらに持っている権利」だった。アンケートはたいてい、研修会の開始前に実施させてもらったので、続く研修会の中で、「あなたが生まれながらに持っている権利にはどんなものがありますか」と参加者にたずねることにした。すると、「衣食住」「自由」「平等」「差別を受けないこと」などはあがるのだが、どこの研修会でもなかなか後が続かなかった。「考えたこともないからわからない」とか、（こちらからは聞いてもいないのに）「権利ばかり言ってわがままな人が増えている」といった意見が、少なからず返ってきた。

　人権は大切だという「大きなメッセージ」を否定する人はいない。だが、いざ人権が何かと問われると、それが何かわからないばかりか、権利を主張することに対して否定的な感情を持っていることがわかり、驚いた。

(2) あなたの人権はどこに書いてあるのか

　あなたはどんな権利を持っていて、それはどこに記されているのだろうか。

　歴史の中で、差別や抑圧、排除に対して「人間らしく生きたい」と声を上げた人びとは、「人間らしく生きるための条件」を言葉にしてきた。18

世紀末、植民地本国に抗し独立を宣言したアメリカの独立宣言、絶対王政に対して市民の権利をうたいあげたフランスの人権宣言は、その好例である。また、圧政への抵抗の中から、「市民こそが主権者であり、国は人びとの合意によってつくられているのだから、国は人びとが生まれながらにもつ権利を侵害してはいけないし、市民の人権を実現する責務がある」という考えが生まれた。それゆえ、「人間らしく生きるための条件」は、国が実現すべき「市民の権利のリスト」として、憲法（国の最高法規）に書き込まれることとなった。だから、憲法に書かれていることを実現すべき主体、憲法の名宛人（宛先）は国である。

　さらにその後、人権は一国だけでなく、国際的に保障するものだという考え方も発展した。民族・人種間に優劣をつける思想が植民地の拡大を招き、第二次大戦中のホロコーストやジェノサイド（特定の民族集団の殺害）を生み出したことへの反省から、戦後、「すべての人が人間として等しく尊厳と権利を有する」ことを国際社会の共通理解とするために、国連は、世界中のすべての人が等しく有する権利のリストを世界史上初めて作成し、1948年に「世界人権宣言」として採択した。

　憲法も、世界人権宣言も、さらに世界人権宣言に続く国際人権諸条約も、あなたの人権を記したリストである。そして人権を実現すべき責務を有するのは（憲法や国際人権諸条約の名宛人は）、国である。

　ただし、世界人権宣言をはじめとする国際人権基準が、世界中すべての人びとの（普遍的）権利を示しているのに対し、日本国憲法上の人権には、参政権のように、国籍を持つ市民に限定されるものがある。確かに、日本国憲法の第3章は、「国民の権利及び義務」と記されているが、憲法上の「基本的人権」が外国人には及ばないという考え方は、今日あたらない。1978年のマクリーン事件判決で、最高裁判所は「憲法第3章の諸規定による基本的人権の保障は、権利の性質上日本国民のみをその対象としていると解されるものを除き、わが国に在留する外国人に対しても等しく及ぶものと解すべき」と述べているとおり、憲法は、外国人の権利も原則保障していると考えなければならない。人権を学ぶとき、多様な国籍を持つ子どもが教室で学んでいることを踏まえてほしい。

(3) 具体的権利を学ばない日本の人権教育

さて、「人権」教育というからには、自分が「人間としてどんな権利を持っているか」を学ぶこと抜きには成り立たない。人権を学ばない人権教育なんて、「あんこのないまんじゅう」「きなこのないあべかわもち」である。

だが、学校の人権教育は、なかなか権利そのものを取り上げようとしないことも事実である。「子どもに権利を教えると、自分勝手な主張が増える」とか「学校や教師に対して批判的になって、言うことを聞かなくなる」といった考えは根強い（阿久澤 2012）。その結果、学校における人権教育は、表面的な憲法学習や「思いやり・やさしさ・いたわり」を強調する価値の学習に読み替えられやすい。

権利を学習すれば、それをものさしにして、日常の暮らしを点検する力がつく。だから、「ここを変えたい」「良くしたい」という声があがってくるのは当然の流れなのだが、組織や体制は、こうした動きを「面倒」で「挑戦的」だと警戒してしまう。その結果、学校や自治体などによる「制度化」された人権教育・啓発では、「自らの人権を学ぶ（教える）」という、ごく当たり前の実践が避けられてしまう。このことに、日本の教員は（私も含めて）自覚的であるべきだ。人権教育には、その社会の民主化の度合いが反映されているのである。

ところで、「人権教育及び研修に関する国連宣言」（2011）の第一条には、「人権と基本的自由について知ることはすべての人の権利である」と記されている。自分の権利を知ることは権利なのである。

(4) エピソード2

さて、20年前の調査に衝撃を受けた私は、その後、授業や研修での問いかけ方を変えることにした。「自分が生まれながらにどんな権利を持っているか」と問われても、即座に答えられないのは、権利という言葉になじみがないからではないか、と考えたからである。そこで、「あなたが人間らしく生きていく上で必要なもの・ことは何ですか」ときき――そうすると、たとえば「食べ物」「生活費」「読書すること」「家族」など、実に具体的なもの・ことがあがってくることがわかった――その上で、さらにそれらを得るために必要な「条件」は何か、と聞くことにしたのである。

すると、「働くこと」や「学ぶこと」だったり「休息する時間」「恋する自由」など、人権基準に近い言葉があがるようになった。なお、これにはヒントを得た種本がある。鳥取県人権文化センター編著『暮らしのなかの人権』（解放出版社、2008年）を参照していただきたい。

　必要な「もの・こと」や条件は、最初は一人で考えてもらうことにし、その後、2人、4人、8人……と人数を増やし、最後はグループ全員で合意できる「人間らしく生きるために必要な条件」リストを作ってもらうことにした。これは、人数を多くすることで「普遍的人権」とは何かを考えてもらうためである（普遍とは、自分だけでなく、誰にでもあてはまるということである）。また、日本国憲法や世界人権宣言を配って、グループのリストと比較してもらい、ちがいを発見してもらう。

　そして最後が肝心である。各グループに大きな封筒を渡し、「人間らしく生きるために必要な条件」のリストを封入してもらい、「そこに書かれたことを実現する責務を持つ人に、これを送ることにします。宛名と住所を書いてください」と呼びかけるのである。すでにお分かりと思うが、宛先を書いてもらう意図は、憲法や世界人権宣言の名宛人は誰か――人権を実現する一義的責務の保持者は誰か――を考えてもらうためである。

　この実践も、なかなか衝撃的だった。憲法に記された人権を実現する責務は国にあり、国際人権諸条約も同様である。だがフタをあけてみると、封筒の宛先には、「国」や「時の総理大臣」の名前ばかりでなく、「上司」「つれあい」……そして「天皇」なども散見され、大いに驚くこととなった。

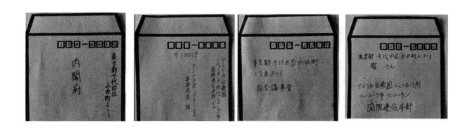

(5) 名宛人をめぐる混乱
　このような現象を見る限り、日本の人権教育では、人間の権利が憲法や国際人権諸条約に記されていることも、その名宛人が国であることも、十

分に教えてこなかったようである。「思いやり」を強調する日本型人権教育のアプローチは、国家と市民の関係を問うものではないからだ（そもそも、「思いやり」は私的な人間関係のなかで発露する）。

　憲法や国際人権諸条約の名宛人がわからない、というのは、自分たちの人権を実現する「責務の保持者」がわからない、すなわち民主主義のシステムがわからない、ということだから、大問題である。自分たちの権利を実現する国を選ぶのは自分たちであって、選ばれた国は、市民から付託された権力を、私たちの人権を実現するために使わねばならない（ちがった目的にそれを使えば「汚職」となる）。そのことが理解されていないのだ。

　それゆえ、大学で憲法や国際人権法をとりあげた授業の後は、必ずと言っていいほど、多数の学生がコメント用紙に「私も一生懸命、憲法（国際人権法）に書かれていることを守り、実現したいと思います」という決意表明めいた感想を書いてくる。名宛人がわからないから、自分を名宛人にしてしまうのである。もし、本当に憲法に書かれていることを守り、実現するのは自分自身だと思っているとしたら、それこそ、国なんか不要だということになり、究極の自己救済、自己責任社会を生きることになってしまう。

　ちなみに日本国憲法の第98条2項には「日本国が締結した条約及び確立された国際法規は、これを誠実に遵守することを必要とする」と書かれているとおり日本が人権諸条約の締約国になると、国は条約に示された諸権利を保障する責務（日本国籍者だけでなく、日本の領域内にいるすべての人に対して保障する責務）を負うのである。

(6) 私的解決 vs. 公的・制度的解決

　人権教育の「思いやり」型アプローチは、人権問題の「私的」解決を強調するので、法や制度による「公的」解決への関心が育たない。実際、各地で実施されている人権に関する市民意識調査の結果をみると、「公的」解決への関心が、市民社会の中に十分根付いていないことが浮かび上がる。

　たとえば、2016年に兵庫県姫路市が行った「人権についての市民意識調査」（18歳以上の市民から3000人を無作為抽出し郵送法で実施）では、人権に関わる諸課題を市民がどのように解決したいと考えているかを知る

ために、11の意見を示し、賛成〜反対を4件法（「そう思う」「どちらかといえばそう思う」「あまりそう思わない」「そう思わない」から1択）によって聞いている。結果は以下の図1のとおりである。

　よりはっきりと傾向を把握するために、「そう思う」と「どちらかといえばそう思う」を足して"賛成"、「あまりそう思わない」と「そう思わない」を足して"反対"としてまとめ、その割合が多かった順に並べ替えたのが、表1、2である（但し"賛成"と"反対"の割合の差が15％以上あったものに限る）。

　まず、"反対"（表2）に注目すると、「人権問題とは差別を受けている人の問題であって自分とは関係がない」に"反対"する者が8割を超えて最も多く、大半の人は「人権問題は自分に関係がある」と感じていることがわかる。

　それなら、回答者は、一体どのように人権問題に向き合おうとしているのであろうか。表1で"賛成"が多かった4項目を見ると――「権利ばかり主張して我慢することができない者が増えている」「思いやりや優しさを

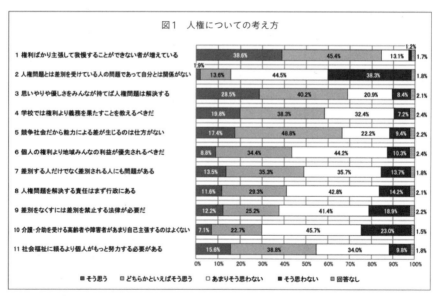

（「人権についての姫路市民意識調査結果報告書」姫路市、2017年10月、p20
https://www.city.himeji.lg.jp/bousai/cmsfiles/contents/0000005/5886/20171010105823.pdf、
20201年4月7日閲覧）

みんなが持てば人権問題は解決する」「競争社会だから能力による差が生じるのは仕方がない」「学校では権利より義務を果たすことを教えるべきだ」——そこには、「がまん」「思いやり」「義務」「競争・能力」といった言葉が並んでいる。「人権問題は自分に関わる問題だ」と思っていても、個人レベルの心がけや行為などによって、私的に問題を解決しようとする志向性が強いことがわかる。

　このことはまた、「差別をなくすには差別を禁止する法律が必要だ」「人権問題を解決する責任はまず行政にある」に対して、"反対"がそれぞれ6割前後となり、"賛成"を大きく上まわったことにも表れている。立法や行政施策による「公的」解決には、消極的なのだ。

　とはいえ、この調査は2016年に実施されたものであり、その後、こうした傾向も、変わりつつあるかもしれない。同年末には、障害者差別解消法、ヘイトスピーチ解消法、部落差別解消推進法が施行され、また、自治体レベルでも、近年、性的少数者の性的指向や性自認のアウティングを禁止する条例や、ヘイトスピーチを禁止する条例の制定がここ数年の間に進

表1 "賛成"が多かったもの（n＝1304）　※賛成が反対を15％以上、上回ったもの

	賛成	反対
権利ばかり主張して我慢することができない者が増えている	84.0%	14.3%
思いやりや優しさをみんなが持てば人権問題は解決する	68.7%	29.3%
競争社会だから能力による差が生じるのは仕方がない	66.2%	31.6%
学校では権利より義務を果たすことを教えるべきだ	▼ 58.1%	39.6%

表2 "反対"が多かったもの（n＝1304）　※反対が賛成を15％以上、上回ったもの

	賛成	反対
人権問題とは差別を受けている人の問題であって自分とは関係がない	15.5%	82.8%
介護・介助を受ける高齢者や障害者があまり自己主張するのはよくない	29.8%	68.7%
差別をなくすには差別を禁止する法律が必要だ	37.4%	60.3%
人権問題を解決する責任はまず行政にある	40.9%	▼ 57.0%

んできた。新型コロナウイルス感染症に関わっても、感染や感染の恐れ
を理由とした差別、誹謗中傷を禁じる条例が相次ぎ成立している。このこ
とを、人権問題を「公的」に解決しようとする志向性がより強まっている
ものとして、積極的変化の兆しととらえたい（もっとも、一部に「思いや
り」を呼びかける条例もあるが…）。

　たとえば「国立市女性と男性及び多様な性の平等参画を推進する条例」
では、本人の意思に反して、その人の性的指向と性自認を他の人がアウティ
ングすることを禁じているし、ヘイトスピーチに関しては、「川崎市差
別のない人権尊重のまちづくり条例」や「大阪市ヘイトスピーチへの対処
に関する条例」などの例がある。

---

2 国際社会と人権教育

(1) 国連における取り組み

　ところで、人権と基本的自由の尊重を促進することは、第二次世界大戦
後の国際連合発足時の目的の一つであり、世界人権宣言と国連で採択され
た人権諸条約や文書のいくつかには、人権教育についての規定がある。

　たとえば、「人権教育のための国連10年」の国連行動計画は、世界人権
宣言第26条、国際人権規約（社会権規約）第13条、子どもの権利条約第
29条、女性差別撤廃条約第10条、人種差別撤廃条約第7条等に触れてい
る。これらには、教育が、人権及び基本的自由の尊重を強化し、異なる集
団間の相互理解、寛容、友好関係を促進するものであることや、男女の定
型化された役割概念を撤廃するものであることなどが、記されている。だ
が、国連が人権教育の推進に本格的に取り組むようになったのは、実は
1990年代以降のことである。冷戦下では、東西両陣営間のイデオロギー
のちがい、先進諸国と発展途上国の間の人権をめぐる考え方のちがいが対
立を生み、人権基準の普及には、困難が伴ったからである。

　そこで、国連による人権教育の推進は、冷戦の終結を待たねばならなか
った。1993年に開催された世界人権会議において、ようやく人権の普遍
性が「再確認」され、ここで採択された「ウィーン宣言及び行動計画」が
「人権教育のための国連10年」の実施を提案した。なお、世界人権会議以

降の国連における人権教育の主要な取り組みは年表の通りである。

〈国連における人権教育の推進〉
1993	世界人権会議　「ウィーン宣言及び行動計画」採択
	国連総会「国内機構の地位に関する原則」(通称「パリ原則」)
	決議
1995〜2004	人権教育のための国連10年
2005〜2009	人権教育のための世界プログラム　第1段階
2008〜2009	人権学習の国際年（2008年12月10日から1年間）
2010〜2014	人権教育のための世界プログラム　第2段階
2011	人権教育および研修に関する宣言を人権理事会が採択
2015〜2019	人権教育のための世界プログラム　第3段階
2020〜2024	人権教育のための世界プログラム　第4段階

　なお、「人権教育のための国連10年」（1995〜2004）は、「あらゆる発達段階の人々、あらゆる社会層の人々」を対象としており、あまりにも包括的な枠組みであったので、より効果的に目標に向かった実践を進めるために、これに続く「人権教育のための世界プログラム」では、5年ごとに段階（フェーズ）を区切り、重点的に取り組む領域を次のように絞り込んできた。

第1段階	（2005〜2009）	初等・中等教育
第2段階	（2010〜2014）	高等教育および教員・教育者、公務員、
		法の執行者、軍関係者
第3段階	（2015〜2019）	メディア専門職及びジャーナリスト
第4段階	（2020〜2024）	若者

(2) 国際的な文脈における人権教育とは

　国際社会における取り組みの中で、人権教育は次のように定義されている。

　「人権教育および研修に関する国連宣言」は、人権教育・研修を「人権と基本的自由の普遍的尊重と遵守を目的に、人権の普遍的な文化を築き発

展させることに人びとが貢献できるよう、エンパワーするための、あらゆる教育、研修、情報および啓発・学習活動」と定義し、そのために、「知識とスキルと理解を与え、態度と行動を育む」もの、としている（第2条）。また、「人権と基本的自由について知る」ことはすべての人の権利であり、その権利を保障する（人権教育・研修へのアクセスの保障）基盤には、「教育への権利」の保障がなくてはならない（第1条）。

　さらに「人権教育のための世界プログラム」では、「人権教育活動の原則」として、以下の10項目をあげている。紙幅の関係で要約を示している。詳細は原文を参照されたい。

〈人権教育活動の原則〉

a. 人権の普遍性、不可譲性、相互依存性、相互連関性を広める。

b. 多様性を認め尊重し、差別に反対する態度を養成する。

c. 人権問題に対して、人権基準に沿った応答と解決ができるよう、人権問題を分析できるよう取り組む。

d. 個人とコミュニティが、自らがどんな権利を持っているのかを識別できるようになり、それらの権利の実現を効果的に要求できるよう、エンパワーする。

e. 「責務の保持者」――とくに政府の職員――が、人びとの人権を尊重・保護・実現（respect, protect and fulfil）できるよう人材育成を行う。

f. 異なる文化の中に根付いている人権の原則を踏まえ、各国の歴史的社会的発展を考慮に入れる。

g. 人権の擁護のために、地域、国、リジョン、国際社会の各レベルにおける人権基準とメカニズムについての知識を育み、それらを使うスキルを獲得させる。

h. 人権のために、個人的／集団的行動がとれるよう、知識、批判的分析、スキルを含む、参加型の方法を活用する。

i. 参加を促すとともに、（学習者の）人権が守られ、人格の十分な発展が保障されるよう、安全な教育・学習環境を醸成する。

j. 人権を抽象的な規範ではなく、社会的、経済的、文化的、政治的現実へと変えるための方法や手段についての対話によって、人権を学習者の

日常と関連づける。

(3)「人権教育のための世界プログラム」
——第1・第2段階の重点領域が示すこと

　ところで、「人権教育のための世界プログラム」の重点領域の推移には、人権教育の重要な原則が埋め込まれていることを知ってほしい。

　まず、第1段階で「初等・中等教育」に焦点を当てたのは、義務教育段階の学校で人権教育を実施すれば、将来その社会の担い手となるすべての若者をカバーすることができるからである（もちろん、保護者や地域社会もカバーできる）。つまり、第1段階では、権利の主体＝権利の保持者である市民に、焦点を当てていた。

　第2段階は、「初等・中等教育」に続くものとして、「高等教育」にも焦点を当てると共に、併せて「教員・教育者、公務員、法の執行者、軍関係者」を重点領域とした。学校教育を通じて、市民の権利意識が高まっても、それを実現する「責務の保持者」の応答がなければ、人権は「絵に描いた餅」にすぎなくなってしまうので、第2段階では、市民の人権を実現する「責務の保持者」にもまた焦点を当てたのである。つまり、「人権教育のための世界プログラム」の第1段階と第2段階は、「権利の保持者」（市民）と、「責務の保持者」（国・公的機関などで働く人びと）の双方を対象とした。

　なお、国際社会では、「権利の保持者」と「責務の保持者」を対象とした人権教育を言葉の上でも区別している。広義の人権教育は、そのいずれをも含むが、狭義の人権教育とは「権利の保持者」である市民を対象にするものを指し、「責務の保持者」を対象とするものを「人権研修」と呼ぶ。「人権教育および研修に関する国連宣言」のタイトルに見る通り、人権教育・研修（human rights education and training）は対となる概念である。

　一方、日本では「人権教育・啓発」という用語が一般的によく使われるが、教育も啓発も、どちらも市民を対象とした取り組みを指し、「責務の保持者」の役割が位置づいていない。また教育と啓発は、行政的「タテ割り」用語でもある。日本では人権教育は学校・社会教育における取組を指し、文部科学省の管轄とされ、人権啓発は法務省の管轄とされているからである。このこともまた、人権教育の日本的文脈を示しているといえよう。

(4)「人権教育のための世界プログラム」第3段階
——メディア専門職とジャーナリストへの注目

　続く「人権教育のための世界プログラム」第3段階は、「メディア専門職とジャーナリストへの研修」を重点領域としており、「研修」という用語を使っていることに注目してほしい。それは、民主主義社会の維持と発展において、メディア専門職とジャーナリストの果たす役割と、その社会的影響力の大きさのゆえである。

　もちろん彼らは、第2段階で焦点を当てていたような、公務員等と同列にある「責務の保持者」ではない。メディアは公権力ではないし、むしろ公権力に対して批判的視座から取材を行い市民に情報を伝達する責任がある。それゆえ、国や体制から保護されず、報道の自由に規制を受けたり、時には身の危険にさらされたりする。そこで国連による第3段階の行動計画では、メディア専門職やジャーナリストが、職務を安全に効果的に果たせるよう保障することや、情報の自由、表現や意見の自由を保障する法や政策を「国」に対して求めている。

　また、さらに興味深いのは、この行動計画では、ジャーナリストの中に、フルタイムの職業家ばかりでなく、ソーシャルメディアなどを通じて情報を発信する者も含めている点である。インターネットによって、誰もが不特定多数に対して情報を発信することが可能になり、ヘイトスピーチやフェイク情報の拡散が、破壊的な影響力を持つようになった。それゆえ、メディア・ジャーナリストの責任とは、専門職だけの話ではなく、「個人」にも及ぶのである。

(5) インターネットが変える人権感覚?

　ネットで情報を発信する個人（今やソーシャルメディアを使う人がほとんどだから、ネットユーザーすべてと言ってもよい）が、人権教育における重点領域の一つに含まれたということは、注目すべきことである。

　UNESCOのイニシアティブによって実施されたオンライン・ヘイトスピーチの研究（Gagliardone et.al　2015）は、ネット上のヘイトスピーチや有害コンテンツに「匿名性」「永続性」「巡回性」「再現性」があると指摘する。実際、ネット上のヘイトスピーチの多くは、仮名のアカウントか

ら発信されており、匿名性が、過激な投稿をする際の心理的ハードルを下げている。また、有害な内容の投稿が削除されても、元データが手元にあれば、再現があっという間に行われてしまうし、すでにコピーやリツイートで拡散してしまっているデータの削除は困難である。こうして有害コンテンツはネット上を巡回し続け、人びとの心理に長期にわたって影響を与えることとなる。だからこそ、オンラインで情報を発信する「個人」も、第3段階では重視されたのである。

　ところで、ネットに関わって、筆者が人権教育の視点から最も心配しているのは、興味本位で有害コンテンツを何度も閲覧するうちに、「フィルターバブル」に取り込まれることである。アルゴリズムは、私たちのオンライン上の行動（閲覧や検索履歴）から興味関心を分析し、最適化されたコンテンツにつないでくれるが、気づくと似たような情報ばかりに囲まれて、似たような関心を持つ人とだけ、つながっている…ということになりかねない（この、似た者同士の集合体を「フィルターバブル」という）。そんな狭い関係性の中だけで、相互にやりとりを繰り返していると、考え方はどんどん単純化・先鋭化してしまう。異なる考えを持つ人の声にも耳を傾け、議論を重ね、合意を形成していく力をつけることを重視してきた人権教育にとって、これは脅威である。

　また、インターネットが市民の人権感覚——とりわけ「表現の自由」に対する感覚——を変容させているとの指摘もある。古典的な人権の枠組みの下での「表現の自由」とは、市民が公権力に妨げられることなく（検閲や規制を受けずに）、自分の意見や考えを表明する権利であり、国家はそうした市民の自由を保障しなければならない、と考えられていた。だが「ネットの浸透によって、表現の自由は“国が保障する人権”というより、サービスプロバイダーから購入した“商契約上の権利”だという感覚が市民に浸透している」とある専門家は言う。ネット上の発信手段は、カネを払って「購入した商品」なのだから、どう使って何を言うかは買い手の自由、というのである。インターネットの登場は、人権を物権化しかねない状況を生んでいる。

（6）「人権教育のための世界プログラム」第4段階──若者への注目

　さて、2020年から始まった「人権教育のための世界プログラム」第4段階は、「若者」を重点領域としている。さらに、インクルーシブで平和な社会を築くため、「平等、人権及び非差別、インクルージョン（包摂）、多様性の尊重」を重視し、SDGs（持続可能な開発目標）のターゲット4.7（持続可能な開発を促進するために必要な知識及び技能を習得する教育）とも連携している。

　第4段階が「若者」に焦点を当てたのは、「初等・中等教育」（第1段階）、「高等教育」（第2段階）の流れを引き継ぎ、「権利の保持者」である市民、とりわけ若い年代層の教育を主流に位置づけたことを意味する。その行動計画には、「人権教育は、若者が積極的な市民としての自分たちの役割を理解・認識し、その役割を果たし、行動を起こして自分や他の人々の人権を擁護し…公的な問題や民主的意思決定の過程に参加できるよう若者をエンパワーする」と記され、そのための政策、学習内容・方法論、教育者の研修、さらに人権を学ぶことによって報復を受けないような学習環境の確保についても盛り込まれている。

　「日本的文脈」からみて、とりわけ注意をひいたのは、学習内容についての記述である。その記述は、先に紹介した「人権教育活動の原則」とも一定対応しており、その内容を「若者」を念頭に、具体化した内容となっているのだが、たとえば「知識」の項では、人権の歴史や原則、日常生活との関連、人権問題についての学習のほか、「人権に関する国家の義務、権利の保持者と責務の保持者の定義、人権に関わる法、人権が侵害された場合に利用できるメカニズム・苦情申し立て手続き」を学ぶことが盛り込まれている。「スキル」の項でも、人権問題を見極め、原因等を分析し、人権基準に基づいて、「責務の保持者」に対して権利を主張する力をつけることが記されている。自らの権利を理解し、主張し、具体的な制度を使って実現する（救済を求める）力をつけることが重視されていることがわかる。また、人権侵害の傍観者になることなく、人権の促進と保護のための取り組みを進める態度やスキルの獲得も盛り込まれ、若者の参加とリーダーシップを重視していることが注意をひく。

　これらの記述は筆者に、スウェーデンのグレタ・トゥーンベリさんを想

起させる。トゥーンベリさんは2018年、気候変動対策を求めて、スウェーデン議会の前でストライキを始め、これが毎週金曜日の「気候変動学校スト」（Friday for Future）として世界中に広がった。さらに2019年9月、トゥーンベリさんら12ヵ国の若者16人は、「気候変動の危機は子どもの権利侵害」だと、国連の子どもの権利委員会へ救済を申し立てた。このことは、日本でも報道されたが、馬橋（2020）は、こうしたトゥーンベリさんらの行動は、日本の多くの人々には理解できなかったのではないか、と指摘する。トゥーンベリさんらは、「自分たちの権利が侵害された場合の国際人権法による救済方法について学んでおり、その権利を行使した」のであるが、日本ではそのような人権教育にはめったにお目にかからないからだという。確かに、日本の学校では「人権が侵害された場合に利用できるメカニズム・苦情申し立て手続き」を学ぶことはおろか、子どもの権利条約に示された「権利そのもの」すら、ほとんど教えられていない。また、トゥーンベリさんらは、「子どもの権利条約」の付属文書である「選択議定書」にある「個人通報制度」を活用したのだが、そもそも日本は、この選択議定書を批准していない（個人通報制度とは、人権条約に認められた権利を侵害された個人または個人によって構成される集団が、国内での救済措置を尽くした後に、条約機関［子どもの権利委員会］に直接に救済の申し立てができる制度である）。

おわりに

再び、冒頭の問題提起に立ち返ることとする。20年前の調査から明らかになった、人権教育の「日本的文脈」における課題——人権が「おもいやり」などの抽象的な価値と混同され、具体的な権利の中身や、それを実現する制度やメカニズムが理解されて（教えられて）いないこと——は、今なお、課題であり続けている。一方で、人権教育の国際的な枠組みは、この数十年の間に大きく前進し、人権教育の成果は、各国の若者の意識と行動を変え始めている。「人権教育のための世界プログラム」第4段階が世界が「若者」を重点領域とした取り組みを開始した今、学校での人権教育を見直すチャンスではないか。さもなければ、国内外の若者の人権意識

のギャップは、なお広がるのではないかと危惧される。

　すべてを道徳教育の中で実施できるわけではない。国際社会で構築されてきた人権教育の枠組みを踏まえつつ、多様な教科や学校内外の活動の連携を模索しつつ、「道徳が担うべきところ」を明らかにしていく必要があろう。

参考文献

・阿久澤麻理子（2012）「人権教育再考——権利を学ぶこと・共同性を回復すること」、石埼学・遠藤比呂通編著『沈黙する人権』法律文化社、33 〜 54頁。
・馬橋憲男（2020）「日本の人権はどこへ行くのか——国際標準の『国家人権機関』設置と『個人通報』容認を——」、フェリス女学院大学国際交流学部紀要『国際交流研究』第22号、169 〜 191頁。
・鳥取県人権文化センター編著（2008）『暮らしのなかの人権』解放出版社。
・Gagliardone, I., Gal, D., Alves, T., & Martinez, G. (2015) Countering Online Hate Speech. UNESCO Series on Internet Freedom. UNESCO.
https://en.unesco.org/news/unesco-launches-countering-online-hate-speech-publication

第2章
子どもの「事実」に基づく「ねらい／目標」設定

岡　健

はじめに——「考え、議論する道徳」への質的転換

　本章では乳幼児期の教育（以下、「保育」と記す）における「カリキュラム」と「評価」の視点から道徳教育のあり方を論じたいと思う。

　ではなぜ、就学前教育である「保育」を思考モデルとするのか。

　次の記載は、『小学校学習指導要領（平成29年告示）解説 特別の教科 道徳編』の「第1章　総説」「1　改訂の経緯」（P1〜）に示されたものである。

　　「特定の価値観を押し付けたり，主体性をもたず言われるままに行動するよう指導したりすることは，道徳教育が目指す方向の対極にあるものと言わなければならない」，「多様な価値観の，時に対立がある場合を含めて，誠実にそれらの価値に向き合い，道徳としての問題を考え続ける姿勢こそ道徳教育で養うべき基本的資質である」との答申を踏まえ，発達の段階に応じ，答えが一つではない道徳的な課題を一人一人の児童が自分自身の問題と捉え，向き合う「考える道徳」，「議論する道徳」へと転換を図るものである。

　また、同冊子（P10〜）における「第1章　総則」の「第1　小学校教育の基本と 教育課程の役割」の2の（2）　2段目の解説には次のような指摘もある。

　　……学校における道徳教育は，児童の発達の段階を踏まえて行われなければならない。その際，多くの児童がその発達の段階に達するとさ

れる年齢は目安として考えられるものであるが，**児童一人一人は違う個性をもった個人であるため，それぞれ能力・適性，興味・関心，性格等の特性等は異なっていることにも意を用いる必要がある。**…（略）…道徳科においては，発達の段階を前提としつつも，指導内容や指導方法について考える上では，個々人としての特性等から捉えられる個人差に配慮することも重要となる。**児童の実態を把握し，指導内容，指導方法を決定してこそ，適切に指導を行うことが可能となる。**（太字は引用者）

こうした記載は、以下のような意味で保育との親和性が高い。

いわゆる社会情動的スキルや非認知的能力の育成に主眼が置かれている「保育」においては、「ねらい」や「内容」の抽象度が極めて高い（幼稚園教育要領等を参照）。なぜならば仮に「ねらい」や「内容」を「教えて」「伝えた」後に、子どもがそうした行動をとったとしても、それは本当に子どもの「主体性」と呼べるのか、私が「良い」と考えている行動をオウム返しのようにさせたに過ぎないのではないのか、という疑問はどうしても払拭できないからである。

言い方を換えれば、教育者の教育的意図を具体的に、しかも単一的に事前に描こうとすればするほど、そこには矛盾を孕む危険性が生じてくる。つまり「保育」は、「改訂の経緯」に示された「特定の価値観を押し付けたり、主体性をもたず言われるままに行動するよう指導したりすること」に反省を迫る視点を提示しているのである。

次に、「幼児教育部会における審議の取りまとめ」（2016年8月26日）や、「幼稚園教育要領」及びその「解説」において、「保育」における「評価」は「他の幼児との比較や一定の基準に対する達成度についての評定によって捉えるものではない」ことが繰り返し述べられている点である。

つまり、これはまさに「児童一人一人は違う個性をもった個人であるため、それぞれ能力・適性，興味・関心，性格等の特性等は異なっていることにも意を用いる必要がある」ことの重要性に関する指摘と重なるといえるだろう。

1「ねらい」「目標」の設定のあり方について

「多様な価値観の，時に対立がある場合を含めて，誠実にそれらの価値に向き合い，道徳としての問題を考え続ける姿勢こそ道徳教育で養うべき基本的資質である」と指摘されていた。しかも「道徳科においては，発達の段階を前提としつつも，指導内容や指導方法について考える上では，個々人としての特性等から捉えられる個人差に配慮することも重要となる」ともあった。ただ、実際にはこうしたいわば「ゴールフリー」で、「ボトム・アップ」的に教育実践を捉えることには困難が伴う。例えば田中統治（2009）の指摘をみておこう。

田中は、まず用語としての「教育課程」と「カリキュラム」の違いを論じた。つまり、前者が「教育計画としての教育課程は教育行政の用語であって、具体的には教育委員会に提出する年間指導計画などの文書を意味する」のに対し、後者の「意味するところの本質」が「学習経験の総体」にあり、「学習者が実際に経験している内容に注目するところが、これまでの教育課程と大きく異なる」ことを指摘している。

その上で田中は、「教育行政の枠組によって理解されてきた教育課程の管理と経営」が導いた問題として、「トップ・ダウン」による「上意下達」型の教育課程では、「子どもたちが実際に学んでいる内容に対して、教師が無感覚になること」を招き、結果、「ボトム・アップ」による「下意上達」機能を衰退させ、教育課程の形式化と空洞化がもたらされると述べた。

では、「下意上達」機能をどのようにして駆動させればよいのか。実はこの問題は「ねらい／目標」の設定のあり方をどう考えればよいかから始める必要がある。

「ねらい」や「目標」という言葉は、「保育」でもいわゆる小学校以降の教科指導においても使われる言葉である。しかしながら、「下意上達」機能を支える「保育」の「ねらい／目標」の設定と、「上意下達」型のいわゆる小学校以降の教科指導における「ねらい／目標」の設定は大きく異なっている。まずは「保育」の「ねらい／目標」の設定について。

小川博久（2000）は、「下意上達」型である「保育」が原則的に「援助」であること、また「援助とは子どもにいかにかかわりうるかを見極め、大

人が願いを持って子どもにかかわること」であることを定義した。

2「保育」の視点

　保育においては「子ども理解」はその中核である。小川はこれを「子どもの志向性のありかを探る」と呼ぶ。いわば「子どもの育ちへの意思」を読み取る行為を指している。保育者は、この「子ども理解」に基づき「ねらい／目標」を設定することになる。

　具体的に考えてみよう。例えば、砂場で子どもが「型抜き」をしていたとする。ただ、もしこの時の子どもの行動を「型抜き」としてしか捉えられなかったとしたら、保育者は目標を設定し、具体的かつ適切な援助行為を実施することはできない。なぜならば、仮に子どもが出来上がった砂のかたまりを見て、「あ、ケーキだ」「プリンだ」等と、いわゆる「見立て」といわれるようなことを楽しんでいたとしよう。その時保育者は、この「見立て」という行動を起こしているその子の活動の中に、「領域　表現」に属するような育ちを見出し、例えば、子どもの「イメージ」がもっと膨らむといいだろうと思って、白砂をかけたり、花びらや葉っぱを乗せる等々の具体的なかかわりを行う。

　ところがもし、子どもが「きっとこんな形になるんだよな」「この波々とした部分、稜線のようにきれいにできるかな」等々、自分が抜いている型の出来上がりを頭の中に描き、それが本当にその形になるかどうか、あるいはどうやったらその頭に描いた仮説が実現できるか、その仮説は本当に検証できるか、といった試行錯誤や実験行為（いわば「領域　環境」に該当するような経験）を行っていたとしたらどうだろう。「こんな形にきっとなる」「できた」と思ったまさにその瞬間に白砂をかけられたとすれば、子どもは「ああ、せっかく砂の型の稜線が見られると思ったのに…」「この汚らしい砂は何なんだ」と思ったとしても何ら不思議なことではない。どんなに「子どものため」を思ったとしても、それは結局、大人の独りよがりな行為、子どもの思いを邪魔する行為にしかならないだろう。

　「保育」では、このように子どもが「したい」と思っている行動の中に、子どもの育ちの方向性を「意思」として読み取り、その延長線上に「ねら

い／目標」を設定することが求められている。その理由は既に述べた通り、「保育」が社会情動的スキルやいわゆる非認知的能力の育成を主眼にしているからに他ならない。

　子どもは、やりたいことを自分で成し遂げたと実感した時に、もう1回やろうとかもっと違うことをやろうという意欲が湧く。「できた」という実感の積み重ねが自己肯定感につながり、自分はやれるはずだという自信につながっていく。だから、その次に上手くいかないことがあったとしても、またやれば何とかできるのではないかと試行錯誤しようとしているといってよい。逆に言えば、いわれたことばかりでやりたいことができない、やりたいといった思いが実現できない体験や、失敗してばかりの体験では、達成感を味わうことができないばかりか、努力しても無駄だということを学習しかねない。したがって、こうした経験の積み重ねを作るためには、子どもたちがやりたいと思っている事柄そのものを読み解く必要がある。それが「子ども理解」に他ならない。

3「小学校以降」の視点

　それに対して「上意下達」型のいわゆる小学校以降の教科指導における「ねらい／目標」の設定はどう捉えられるか。

　教科指導においては、子どもの志向性（子どもの育ちへの意思）と、教員の授業意図が必ずしも一致しないことがあり得る。例えば、先の型抜きを例にすれば、授業という営みにおいて「型抜き」をする場合、教員は、あらかじめ「型抜き」を通して例えば「見立て」を育てる、といった「ねらい／目標」を設定している。でもこの時、子どもは知的な好奇心や試行錯誤に取り組んでいたとしよう。すると授業ではその子どもの行動は、原則として認められない。教員は、抜いた砂のかたまりに対して、「あっ、これ○○に見えるね」「美味しいそうだよ食べてみてごらん」等々、なんとか「見立て」に戻すように働きかけることになる。

　実は、このような「上意下達」型の「ねらい／目標」のあり方は、これまで伝統的に小学校以降のいわゆる教科指導において実施してきた教育の「伝達」機能に他ならないのである。

理解を促すためにここで典型的な授業場面でのやりとりを思い浮かべてみよう。例えば、時間を尋ねるという場面。

> （日常場面の会話）
>   Aさん「今何時ですか？」　Bさん「2時半です」　Aさん「ありがとう」
> （授業の会話）
>   先生「今何時ですか？」　　子ども「2時半です」　先生「正解です」

これは、Mehan, H（1979）が指摘した授業場面での教員と子どもの典型的なやりとり（「IRE構造」）と呼ばれるものである。日常生活であれば、知らないことを尋ね、それを教えてもらえば礼をいう。当たり前のことである。それが授業では、わざわざ尋ね（Initiation）、それに答えさせている（Reply）にもかかわらず、感謝を伝えるのではなく評価する（Evaluation）というコミュニケーションがとられる。しかしながら私たちは、授業の中でこのようなコミュニケーションが行われていたとしても一向に訝しがることはない。むしろ当然な光景として受け止めている。それは繰り返しになるが、教育にはこうした「伝達」を中心的とする営みがあり、むしろそれは多くのこれまでの教科指導においては一般的なものとして捉えられているからである。

小学校以降のいわゆる教科指導においては、「ねらい／目標」はあくまで教員が設定している。したがって教員の「ねらい／目標」と異なる子どもの活動は糺されるのに対し、「保育」では、目標は原則的に子ども自身の目標を意味する（小川はそれを、教員が子どもになりかわって設定したものと指摘した）。

4「保育」における「ねらい／目標」の設定のあり方が 「特別の教科　道徳」に示唆するもの

さて、ここまで見てきて、「保育」における「ねらい／目標」の設定のあり方が思考モデルとして「特別の教科　道徳」に示唆するものは何だったか。

一つには、「答えが一つではない道徳的な課題を一人一人の児童が自分自身の問題と捉え、向き合う『考える道徳』、『議論する道徳』へと転換を図る」のだとすれば、「考え」「議論」する「主体」、すなわち「子ども理解」に基づいて「ねらい／目標」は立ち上がるのだ、ということ。言い換えれば、まず第一義的には「ねらい／目標」の基本的な担い手は子どもであることを認識することといえよう。

　その上で二つめとして、「上意下達」型の教育課程では、「子どもたちが実際に学んでいる内容に対して、教員が無感覚になること」を招き、結果、「ボトム・アップ」による「下意上達」機能を衰退させてしまうことをあらためて確認しておきたい。この認識の欠如や形骸化が、「特定の価値観を押し付けたり、主体性をもたず言われるままに行動するよう指導したりすること」に対して「無感覚になること」への温床となり、「児童の実態を把握し、指導内容、指導方法を決定してこそ、適切に指導を行うことが可能となる」といった指摘を妨げるものとなる。

　むろん、遊びと放任が異なるように、「保育」において「子どもの志向性」は放っておいて生まれるものではない。例えば、先の型抜きを再び例にして考えれば、子どもは砂場に行ったからといって型抜きをするわけではない。そこに型が準備されていたり、楽しそうに型抜きをしている保育者や他児がいるから、「何だろう」「やってみたい」と動きだすのである。したがって保育者は、子どもの「やりたい」「何だこれ？」等々（＝「子どもの志向性」）に先だって環境を構成し、またそれを連続的に展開するために、「ねらい」に基づいて再び環境を再構成して実践を営んでいる。これが「保育」における中心的な方法原理の1つである「環境による教育」を意味している。

　では、次にこの方法原理としての「環境による教育」を含め、『特別の教科道徳編　解説』に書かれた「指導内容や指導方法」においては、「保育」がどのように思考モデルとなるかを論じよう。

5「保育」における「指導内容」や「指導方法」の構想について

　本項では、子どもにとっての「ねらい／目標」の立ち上がりの契機ともなっていた保育における中心的な方法原理である「環境による教育」も含め、「指導内容」や「指導方法」が「下意上達」型である「保育」においてどう構想されるのかについて述べることとする。まずは次の図を参照されたい。

　この図は子どもとの具体的なかかわりの場面における保育者の一連の行為を整理し、その「専門性」がどこにあるかを示したものである。

　既に指摘した通り、「下意上達」型である「保育」においてまず保育者（教員）がすべきことの基本は「子ども理解」にあった。

　「子ども理解」に基づき「ねらい（目標）」を立て、「手立て」を考えて実施、その実施後の子どもの姿を改めて捉え直し（＝「評価」）次の保育へと展開する。これは別の言い方をすれば、指導計画を立案し実施するプロセスに他ならない。

　ところでこの図を用いて、保育者の「専門性」という観点から必要な「子ども理解」を説明すると、一人ひとりの子どもの具体的な姿としての

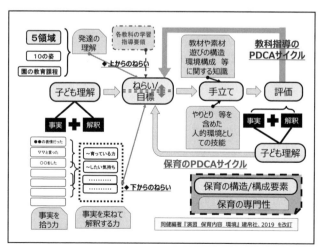

図：保育の構造（構成要素）と専門性

「事実」を拾い、それを束ねて、そこにある意味を「解釈」することが援助の始まりである。この際に確認しなければならないのは、「解釈」とは、決して保育者の想像や希望ではなく、あくまでも「事実」に基づいたものでなければならない、ということである。そのためには、そもそも多様な「事実」をきちんと拾えないと、適切な「解釈」にならない。

　例えば、医者が患者を診断する場面を想定しよう。医療に関する専門的な知識を持っている医者は、患者が訴えるある一つの症状だけで病名を判断したりはしない。「お腹が痛い」と患者が訴えてきたときに、即座に「○○病」と判断して、薬を出したりはしないだろう。患者の症状を十分に確認しないままに、「全般的に炎症を抑える薬」をとりあえず処方することなど許されるものではない。

　「喉が痛い」「熱がある」「どれだけ続いているか」とか、場合によっては血液検査をしたりして、実際の症状や状態（事実）を総合的に「解釈」して病名を診断し、その上でその病気の治療法や薬の処方を考えている。このことが「ねらい／目標」を設定することであり、「手立て」を考えることになる。

　既述のように、「自ら学んでいく力」「主体性」「自律性」「問題解決力」等々を育てるということを主目的としている「保育」の場合、原則的にその子どもが「やりたい」と思っていることの延長線上で「ねらい」を立てる。何を楽しみ、何が育っているのか、という実態の把握のもとに子ども自身が描きたいと思っている未来性を描くこと。これが図で「下からのねらい」と示したものになる。ただ、保育者は同時にその子どもの育ちの先、いわばその先に描けるといいだろうと思っている未来性を合わせて「ねらい」を描いている。

　その意味では、「子どもの好きなことばかりやっていていいのか」という誹（そし）りがしばしば語られるが、そんなことはない。子どもを全体として育てていくために、子どもの育ちの先に未来性を描き、「ねらい／目標」を設定しているのである。その意味で、単に「わがままになる」「やらせるべきだ」という認識に基づく行為のみだとすれば、それこそ逆に「大の大人が子どもに意地悪をするなんて」という誹（そし）りは免れないであろう。

　例えば、前述した「型抜き」で考えれば、子どもが抜いた型を何かに見

立てようとしているから（＝「下からのねらい」）、そこに「領域　表現」に示される子ども自身の未来性を描き、そのイメージが膨らむようにと、白砂をかけたり、花びらや葉っぱを乗せたり等々外側から文化を持ち込んだ。また、子どもが型を使うと砂がきれいなかたまりになることが不思議だったり、もっときれいに抜きたいと試行錯誤したりしているから（＝「下からのねらい」）、そこにいわゆる「領域　環境」に示される子ども自身の未来性を描き、一人でじっくりとその行為を繰り返し、楽しむことができる時間と空間を保障しようとしたのである。

　ただ同時に保育者は、もしイメージを楽しむその子どもに対してもう少し大きな動きや仲間との関わりを求めていけるかもしれないと考えれば（＝「上からのねらい」）、そこにいわゆる「領域　健康」や「領域　人間関係」に示される子ども自身の未来性を描き、そのイメージが膨らむようにと、大きな容器や、バケツなどを追加するかもしれない。これらの道具を入れることで、それまで手先で操作していたものが、体全体を使った動きになったり、時には重くて一人でひっくり返せないものを他の子どもたちと協力する姿も見られる可能性が想定されてくる。また、作るものも大きくなれば、他の子どもとその表現を共有する関わりも誘発されやすくなるだろう。さらには、そこに水という素材を入れたとすれば、それは型抜きからさらに発展して、川づくりやダムづくりといった動きにまで展開するかもしれない。

　保育者は、子どものやっていることと、これからその子どもとまわりの子どもが経験するであろうことを想定して「ねらい／目標」を立てている。そのためには、子どもが今どのようなことについて育とうとしているかを読み取ること（「解釈」する視点）や、その遊びの展開の先に獲得してほしいと願う、いわば育ちの先を想定すること（「発達」の知識）が不可欠となる。そして保育者は、このことを踏まえ、その「ねらい／目標」の実現のために「手立て」を構想しているのである。

6 子どもの「事実」に基づくことについて

　既に述べたように、ある子どもの場合は「時間を保障すること」（＝「環境構成等に関する知識」）が大切になってくるかもしれない。また、これまで「見立て」遊びをほとんどしなかった子どもが、その日も知的な好奇心から様々な型を使って型抜きをしていたにもかかわらず、たまたま手にしたアダムスキー型UFOのような型で型を抜いた時に「あっ、目玉焼きだ！」と言うかもしれない。そんな時、担任の保育者はその子がこれまでほとんど「見立て遊び」をしていなかったとすれば、これはチャンスと「目玉焼きか！　先生はケチャップかけるんだ」と聞こえるように呟きながら、白砂でハート形を書くかもしれない（＝「教材や素材に関する知識」「人的環境としての技能」）。

　このように、道具や場を整え、言葉をかけて、その環境を整えていくのである（「教材や素材、遊びの構造、環境構成等に関する知識」や「やりとり等を含めた人的環境としての技能」）。そして、その「手だて」の結果、子どもはまた何がしかの行動をとることになる。

　この行動、すなわち子どもの「事実」がどのような意味（「気持ち」や「育ち」）を持つのかを、新たに付け加えられた「事実」をもとに再び「解釈」するのである。「保育」ではこれを従来、「振り返り」と呼んできた。これは教育方法学的に言えば「評価」に他ならない。ただ、これは改めて見るまでもなく、「事実」に基づく「解釈」、すなわち「子ども理解」に他ならないのである。こうして「保育」における「PDCAサイクル」（P35の図）が実施されることになる。

　ちなみに、「上意下達」型の「伝達」を中心と考える実践の場合、留意しておかないと、特に小学校以降のいわゆる教科指導の場合、学習指導要領においてきわめて具体的に「ねらい／目標」が定められているために、「子ども理解」を介在させなくてもPDCAサイクルが回ることになる（P35の図）。言い換えれば、子どもの必然性に依拠したものである保障は担保されないということに他ならない。

7 「保育」における「指導内容」や「指導方法」の 構想のあり方が「特別の教科　道徳」に示唆するもの

　何度でも繰り返すことになるが、「特別の教科　道徳」が「考え、議論する道徳」への転換を図るのだとすれば、「ねらい／目標」の設定において「下からのねらい」である当事者の視点を欠くことはできないであろう。ただ、大人（教員）として、「上からのねらい」も当然「専門家」として求められることになろう。

　少なくとも「ねらい／目標」の設定までにおいては、「子どもの事実」を丹念に集めることから始める必要があろう。上田薫や重松鷹泰、各団体・学校等、「カルテ」という手法に代表されるような、一人ひとりの子どもの「事実」を丹念に集積し、それに基づいて「子ども理解」に取り組んできた歴史がある。その子どもにとっての授業における「意味」や「意義」を校内研修あるいは公開授業において開示し、徹底して「事実」に基づき「解釈」をすり合わせて授業実践に取り組んできた実践がある。「保育」において「領域」や「10の姿」が「達成目標」ではなく「方向目標」だと言われること。否、むしろ既述したようにトータル（ホリスティック）に子どもの「育ち」を保障しようとする（「上からのねらい」を設定しようする）のであれば、人を見る「視点」が必要であること。その意味で「領域」や「10の姿」はまさに視点であり、「教育課程」も本来、その地域、その園（所）で育つ上での「視点」が暦のようにつづられたものであることがわかる。そのように考えた時、「特別の教科　道徳」に示された「内容」や「ねらい」をどう捉えるかは今後の課題となるだろう。

おわりに

　「各教科，外国語活動，総合的な学習の時間及び特別活動のそれぞれの特質に応じて行う…あらゆる教育活動を通じて，適切に行われなくてはならない」道徳教育と、「特別の教科　道徳」の関係をどう捉えればよいのか。トータルで長期な視点という観点や、「ねらい」「内容」が観点として示されている点から考えれば、「特別の教科　道徳」は「保育」でいうと

ころの「長期の指導計画」にあたりそうではある。しかし一方では、ほぼ毎週「授業」として確保され、その時間を使って活動を展開することも求められているのである。ちなみに、こうした「目の前」の子どもへかかわる活動は、まさに「短期の指導計画」としての性質を帯びることとなる（「短期」の計画は「下意上達」、「長期」の計画は「上意下達」としての側面がある）。

　実は、こうした「目の前」（下意上達）と「まだ見ぬ」（上意下達）といった問題にどうバランスをつけていくか、という点は、道徳教育にとってきわめて重要な課題といえる。各学校において、このような観点から実践の組み立て方についての合意形成が図られる必要がある。

参考文献

・Mehan,H（1979）Learning lessons：social organization in the classroom, Cambridge, MA. Harbard University Press。
・佐藤学（1996）『教育方法学』岩波書店。
・小川博久（2010）『保育援助論』萌文書林；復刻版（初版は生活ジャーナル社、2000年）
・岡健編著（2019）『演習　保育内容　環境』建帛社。
・田中統治・根津朋実（2009）『カリキュラム評価入門』勁草書房。

第3章

道徳教科書の特徴と問題点

池田 賢市

はじめに

　「特別の教科 道徳」には、検定教科書が存在している。「道徳」という人の生き方にかかわる領域をそもそも公教育で扱えるのかという複雑な議論がある一方で、すでに学校現場では、実践が始まってしまっている。しかも、生き方・あり方にかかわる教育を「検定」教科書において実施しようとすること自体に課題があるにもかかわらず。本書全体は、このような問題関心ゆえに編まれているのであるが、この初発の問題部分にとどまってもいられない。

　そこで、本章では、実践を具体的に支えることになる教科書について、その特徴と問題点を整理しておきたい。ポイントは、子どもたちの多様な価値を大切にするものになっているかどうか、言い換えれば、授業の中で特定の価値に誘導されることがないかどうか、ということになるだろう。

　もちろん、価値の多様化は、どのような価値でも肯定されるということを意味しない。人権侵害や差別などに結び付く特定の価値観が、相対主義の名の下に容認されることはあってはならない。しかし、その線引きは、様々な見方（価値観や意見等）の交流の中で獲得されてくるものである。このことが、実践論として可能になっていなければならない。

　そして、最後に、その問題点や限界を踏まえて、教科書をどのように使用していけばよいのか、ひとつの提言をしてみたい。

1 多様性を肯定できているか

　学習指導要領には、次の第4章で言及されているように、「特別の教科
道徳」で扱う22の内容項目（徳目）が示されている。教科書は、読み物
教材を中心にして、これらの項目に沿って編集されている。一つの教材に
一つの内容項目が対応しており、年間を通して教科書の教材を扱うことで、
すべての内容項目を扱うことができるようになっている。ここで、まず第
一の問題点を指摘することができる。それは、読み物教材の最初のページ
に対応する内容項目が明示されることである。

　一般的に取られている手法として、最初に黒板にその時間の「ねらい」
を明示し、子どもたちにこれから学ぶことの趣旨を理解させてから授業を
始めるというスタイルがある。この方法の効果を実感している教員は多い
はずである。教科によっては、かなりの有効性を発揮すると思われる。し
かし、これを「道徳」の授業に当てはめると、どうなのか。一定の価値を
最初から明示することになってしまい、子どもたちは自由な発想ができな
くなるのではないか。何をどう考えるのか、その方向づけが最初になされ
てしまうからである。たとえば「親切」や「思いやり」という内容項目が
最初に提示されてしまうと、これから読む教材をそのような話として読ま
なくてはならないことになる。しかも、読み終わった後の「学習の手引き」
等によって、考えるべき方向性が指示されていることで、一層、提示され
た価値の枠内で思考せざるを得なくなる。

2 議論をさせない教科書構成

　たとえば、小学校1年生の教材である「かぼちゃのつる」を見てみよう。
　話の内容は、「かぼちゃが大きくなり、つるを他の畑や道路にまでのば
していく。迷惑だとして犬や蝶などがそのことを注意するが、かぼちゃは
それを聞き入れない。そしてついに、かぼちゃは、走ってきたトラックに
つるをひかれ（切れてしまい）痛い思いをし、泣く」というものだ。
　理科の先生曰く、そもそもかぼちゃがつるを伸ばしているのではなく、
つるが伸びてかぼちゃができているのだ、かぼちゃの種類によってはつる

の伸び方も違う、農園ならつるの誘引をするはずだなどといった科学的な観点からこの話を問題にする場合もあるのだが、もちろんここではそのようなことが問題なのではない。「言うことを聞かないと痛い目にあう」という話の展開の恐ろしさ、である。この教材の内容項目は「主として自分自身に関すること」に分類されている「節度・節制」となっており、学習指導要領には「健康や安全に気を付け、物や金銭を大切にし、身の回りを整え、わがままをしないで、規則正しい生活をすること」とある。要するに、「わがまま」をすると痛い目にあう、「わがまま」はよくない、という子どもへの戒めがわかりやすい形で表現されている教材なのである。

　実際に、この読み物教材の後に設けられている「学習の手引き」（出版社によっては「考えてみよう」など、教科書によって表現は異なる）の欄に、子どもたちへの問いかけとして「なぜ、かぼちゃはわがままなことをしてしまったのでしょう」といった趣旨のことが書かれている場合が多い。つまり、考え、議論する前に、教科書自身がかぼちゃの行為に対して「わがまま」だという価値判断をすでにしてしまっているのである。

　本当にかぼちゃは「わがまま」なのか、仮にまわりに迷惑をかけていたとしても、理由も聞かれずに断罪（トラックによってつるを切られる）されてよいのか。考え、議論するためには、まずこのような視点が必要であろう。たとえば、かぼちゃの畑は他に比べて狭かったのかもしれない、あるいは、かぼちゃはとても元気で身体を思いっきり動かしたかったのかもしれない、さらには、いろいろな人と友達になりたかったけれど、うまく言えずにいただけなのかもしれないなど、その見方は多様なはずである。しかし、それらはすべて封殺されてしまう。

　このように、教材の最初のページに明示されている内容項目とセットになって、教材の最後に子どもたちへの「問い」を設定し、特定の価値観に着地するように誘導し、多様な意見が出にくいようなつくりになっているのである。このようなつくりになっている限り、教科書に書いてある通りに授業をすれば、必ず、想定した結論に至る。

　子どもたちにとっては、その教材が何をねらいとしているのか、どのような価値観を求めているのかが、教材を読む前にすでに一目瞭然なのであるから、勘のいい子どもならば、教員が求めている答えをすぐに見抜き、

その方向で発言することになるだろう。これでは、「考え、議論する道徳」とはほど遠い、「正解を考えさせる道徳」になってしまう。

　したがって、子どもたちがいろいろな発言をしても、それらはその授業時間で設定された内容項目に沿う形で解釈されていく。それでも、どうしてもその枠に収まらない発言をする子どもがいたとすれば、どういう対応がなされるのか。たとえば、その子の発言は黒板に書かない、その意見にあまり反応せず、すぐに他の子どもに意見を求める、あるいはその子の意見がまるで間違ってでもいるかのように扱う、などといったことがないだろうか。これらをきっかけに「いじめ」が誘発されることさえあるだろう。

3　自己評価欄（中学校の教科書）の問題性

　文部科学省は、内容項目を学習の手がかりとして、考え、議論する道徳教育を展開すべしとの見解であるが、教科書のつくりを見る限り、それはかなりむずかしいことがわかる。しかも、「評価」を付けなければならない教員にとってみれば、内容項目に沿って着地点が明確であったほうがありがたいと思うだろう。したがって、「教科書に明示されているのだから、これをやっておけば間違いない」という思いが働き、議論の手がかりどころではなく、実態としては内容項目を教え込むことになっている場合が多くなってしまう。

　この「評価」を付けるということが、道徳の教科化における理念上および実践上の大きな問題点となっている。文科省は数値や記号による評価ではなく、子どもの良いところを中心とした、記述式での個人内評価であることを方針として提示している。しかし、「評価」の問題は、このような方法上の性質のものではない。

　中学校の道徳教科書の中には、1年間を通して学んだことを振り返り、自己評価させるページを設けているものがある。しかも、文部科学省が「評価」において避けるべしとした数値や記号等による段階的な評価をさせるものが多い。これに対しては、あくまでも自己評価なのであるから、とりあえずは、よく理解できた、成長できたといった方向で記入しておけばよいのだ、との形骸化策が言われたりもする。

しかし、これには最大限の注意が必要である。なぜなら、自分で付けるものだからこそ、なおさら危険なのだが、この自己評価欄があることによって、「心とは評価対象になりうるものなのだ」「数値化できるものなのだ」というメッセージが子どもたちに伝わってしまうからである。全項目に高い評価をしておけばよいという問題ではない。

そもそも、取り上げられている各教材の中には、「本当にその内容項目の教材として適切なのか？」と疑わしいものも多々あるのだが、今の多忙化する学校現場においては、そのことを批判的に検討しながら教材研究をしている時間的余裕はない。子どものほうは、すでにみたように、最初から提示されている内容項目に沿って教材を理解しようとしていくわけだから、きわめて硬直化した中での授業となる。そして、それをもとに子どもたちが自己評価を迫られるのだとすれば、単なる価値統制を超えた、人格統制にもつながりかねない危険性を含んでいるとみたほうがよい。

4 「生命の尊さ」をめぐる教材の具体的問題点

では、実際の教科書の教材について、その問題性を指摘していきたい。この場合、いくつか焦点を絞って分析していく必要がある。ここでは、その価値として誰も異を唱えない「生命の尊重」について、教科書がどのように扱っているのかをみてみたい。おそらく「道徳の時間」であった時代から、それ自体の重要性と、ある種のわかりやすさゆえに、教材として比較的多く扱われてきたテーマである。

しかし、価値として誰も異を唱えないからといって、教材化もしやすいとは限らない。実際には、かなりの困難を伴う。小学校5・6年生用の道徳教科書の中から「生命の尊重」の教材とされるものを検討すると、その困難性が浮き彫りになる。以下、5点に整理して、その困難性を指摘してみたい。

①具体的な病名と死との結びつき

抽象的な命というものはないのだから、それは常に具体的に語るしかない。この点は「道徳」自体の性質でもあるが、やはりそのことが実践を難

しくしている。とくに、具体的な病名とそれによる死が描かれている教材の場合、死んでしまう（命には限りがある）から尊いものだ、という展開になりやすい。実際に、命がかけがえのないものだということを伝えるために、死の場面が描かれる教材は多い。具体的には、癌、心臓病、白血病、右大腿骨骨肉腫、神経芽細胞腫、筋ジストロフィー、心内膜床欠損症、肺高血圧症といったように、具体的な病名が登場し、その症状や薬の副作用をはじめ身体が衰弱していく様子などが描かれることも多い。

　もし、授業を受けている子どもの家族にその病気にかかっている者がいた場合、その子どもに不安を引き起こさない形で授業を組み立てていかなければならない。治療および治癒の可能性が語られている教材もあるが、最終的には死と向き合う状況を45分の授業の中で「考え、議論」していくことが果たして可能なのか。

　病気や死について議論していくとすれば、その過程で、臓器移植・臓器提供の話も子どもたちから出てくるはずである。これは、簡単な議論では済まされない。どこまでそれらを想定した授業をつくっていけるか。

②いま生きていることに対する感謝

　命の尊さを理解させようとする際に、「生きたくとも生きられない」という当事者の言葉が紹介され、いま生きていられるだけで貴重なことなのだとするメッセージが盛り込まれた教材も多い。このことの延長線上で、自ら命を絶とうとしている者を責める議論が展開されていくこともある。この場合、自らの命を絶とうとするところまでその人を追いつめたものは何であったのか、という問いを同時に立てておかないと、思考が短絡的となるだろう。

　死と対峙させる形で命の尊さに迫ろうとすると、生きていること自体の質が問えなくなってしまう。単に生物として命がある、死んではいないという状態だけで人間の生を議論してよいはずはない。教材の中では、「生き生きと」「輝いて」といったキータームで、生きることの素晴らしさを伝えようとするものがある。まさに、そのとおりなのであって、そのような生き方が可能な社会になっているのかどうか、つまり、尊い命を生きていくためには何が必要なのかが議論されなければ、尊い命は守れない。

少々つらいことがあっても、生きていられるだけでありがたいのだといった現状肯定に着地してしまってはならない。

　たとえば、フクシマの問題をどう捉えるのか。また、台風などによる被害も、一見すると自然の猛威として説明されやすいが、政策的な対応も検討しておかないと人々の命は守れない。命の尊さを議論したいのなら、当然、このような視点も欠かせないだろう。

③動物の命を奪う行為

　動物の殺処分について取り上げた教材もある。尊いはずの命を人間の都合で奪ってしまうことを授業で扱うのだとすれば、捨て犬や捨て猫の話だけではなく、豚コレラの例にみるように、産業動物（家畜）をどう考えるかという、かなり複雑な問題領域にも踏み込むことになる。

　教材化はされていないが、このテーマを扱うならば、議論は、娯楽としての狩猟をどう考えるか、動物実験をどう考えるか、といったところに及ぶに違いない。このような観点は、まさに「考え、議論する」にふさわしいものなのだが、実践論として可能かどうか。

④人間が人間の命を奪う状況

　命を奪う行為については、人間による動物への行為として教材化されていたが、議論していけば、子どもたちは、人間の命も人間によって奪われていることに、すぐに気づくはずである。

　たとえば、安楽死や死刑制度をどう考えるか。公民科の中で扱うことも困難性があると言われる中で、道徳としてどう実践するか。仮に教科書には載っていなくとも、考え、議論していけば、必然的にこのような話題になっていく。子どもたちは、人間の命を中心に命の尊さを理解してきたのだから、まさか人間の手によってその命が奪われてよいはずはない、と考えるようになっているはずである。

　したがって、戦争が重要なテーマになってくるのである。実際に、教科書には戦争を扱った読み物教材が出ている。たとえば、東京大空襲の際の医師や看護師による母子の保護という場面が登場する。しかし、それはまるで自然災害の中を逃げていく様子であるかのように描かれている。そも

そも、より多くの人命を奪うことが期待される戦争状態そのものを問わなくてはならないはずである。

　命をめぐる教材には、「命のつながり」を大事にすべきとのメッセージも多い。親や先祖に感謝するといった文脈となることもあれば、病気の人をみんなで協力しながら救い出すといういわば連携プレイのような事例を教材化したものもある。しかし、このことを取り上げていけば、過去におけるハンセン病患者への断種や堕胎は、つないでいくべき命を断ち切ることなのだから、許されるものではないという議論となる。出生前診断や母体保護法の問題も含め、授業の中で優生思想をどう扱うか、という問題となる。

⑤宗教との関係性

　人の生き方・あり方、そして、生命の問題は、宗教の大きなテーマだといってよい。「命のつながり」という点についても、神の存在に着目すれば、単純に親や先祖に感謝すべしといった結論にはならないだろう。教科書の中には、進化論に基づく内容も記載されているが、多文化社会が多宗教社会でもあるということを念頭に置けば、やはり大きな議論となっていくだろう。

　死に対する位置づけは宗教によって異なり、また、輸血の問題なども含め、病気に対する治療をどのように考えるかも異なるはずである。人の信仰をどこまで組み入れていくのかいかないのか、議論が必要となる。

　そもそも宗教の問題を無視して命の尊さを教材化しようとすれば、授業実践としてかなりの困難性が予想される。グローバル化を前提とするなら、道徳教育に限らず、宗教性を議論の根底に据えておく必要も出てくる。

　以上のように「命の尊さ」というテーマには、それが道徳教材としてはふさわしく見えても、実践段階となると意外な困難性のあることがわかった。同様のことは、「障害」についても言える。その点は、ぜひ、実際に教科書を見ながら検討してみてほしい。いろいろな読み物教材の中で「障害（者）」がどのように描かれているか、ややまとめて言えば、困っている障害者が健常者のやさしさによって助けられるといった構図がベースと

なっている。少し細かく見ると、障害者がお礼を言う場面が多く、「ご迷惑をおかけします」と謝っている場面も描かれる。あるいはパラリンピックで、そして日常的な場面で「がんばっている」障害者の姿。ここには、なぜ困った状況になるのか、なぜ頑張らないと認められないのか、といった社会的観点はない。「障害の社会モデル」が入り込む余地はない。

　なお、道徳教材を分析するには、今確認してきたように、「命」や「障害」といったように具体的な観点を決めていくと有効である。他に分析していくべき観点としては、たとえば「家庭」や「性」を挙げることができるだろう。典型的な家族像が想定されていること、そして、ジェンダーバイアスも発見できるはずである。

5 教科書をどう使うか

　文部科学省は「評価」の付け方に関する注意点のひとつとして、内容項目それぞれについての評価ではなく、子どもたちの道徳性の変化を「大くくり」でみて評価せよと言っているのだが、道徳とは、個別具体的にしか語れない。たとえば、「親切」一般を語ることなどできない。誰との間の、何についての、いつの段階での出来事や行為が話題になっているのか、そのことを問わずして道徳性を議論することなどできない。しかも、それを「親切」という枠組みで問題にしてよいかどうかから確認しなければならない。一つの項目についてもこれだけの困難があるのだから、それらの項目を大きくまとめて評価せよと言われても、簡単にできることではない。

　このことは、道徳の教科化の不可能性として理解していくべき特徴ではあるが、同時に、どのような授業をつくっていくかのヒントにもなっている。つまり、徹底して具体にこだわっていくということである。教科書（道徳に限らず）は、内容をある程度は抽象化して記載せざるを得ない。そこで、その抽象性を具体的に展開していくのが、各学校現場の役割だととらえるわけである。道徳の授業では、多くの場合、学んだ内容について自分とのかかわりで考えるということが必要とされている。これは、授業の最後の時間帯で取り組まれる課題となることが多いが、むしろ、最初の段階からつねに自分の視点を意識した思考を求めていくことがあってよいので

はないか。

　たとえば、先に紹介した「かぼちゃのつる」の場合、なぜ、かぼちゃはつるを大きく伸ばしていったのか、自由に考えてみることが出発点となる。そのためには、教材の最初のページに書かれている「わがままばかりしていると」といったいわばネタバレの部分は読ませたくない。挿絵も子どもの思考にバイアスをかけてしまうことを考えれば、まずは教科書を開かず、教員が読み聞かせるという方法がよいのではないか。

　あるいは、そのネタバレを読んだうえで進行したとしても、教員から子どもの想像（実際には忖度に近い）をひっくり返すような発問（視点）を投げかけてみるという方法もある。教科書は一定の価値に基づいてそれを押し付けているのだから、それを「有効に」利用したい。たとえば「かぼちゃの畑ってどれくらいの広さなんだろう」と教員がつぶやくだけで、子どもたちは一つの視点を得ることができる。その行動を「わがまま」と判断する前に考えるべきことがあるのではないか、と気づくことができる。もちろん、畑の広さなどは教材には書かれていない。

　その点で、教科書の教材内容は、道徳的に判断するためにはつねに情報不足なのである。小学校高学年の教材である「手品師」も、その例として逆に教材化し直すことができる。売れない手品師が子どもとの約束を守って公園でその子に手品を見せるか、突如舞い込んだ大舞台でのショーに出演するかで迷い、結果として子どもとの約束を守るという話だが、その手品師がどれくらいの貧困状態だったのか、どういう生活ぶりだったのか、約束をしたその子どもの家庭環境はどうだったのか、判断のために欠かせない情報は一切書かれていない。ならば、どういう情報が必要かをみんなで考えることが必要ではないか。どのような条件がそろえば、手品師の行動を正しく理解できるのか。自分に引き付けて判断しようとすれば、当然、いろいろな条件を明らかにしておかなくてはならない。そもそもどんな地域に住んでいるかもわからない状態では、考えが進まない。

　このように考えれば、いまの道徳教科書は、情報や条件が不足しすぎている分、自由に使いこなすことができる。

おわりに

　道徳の教科書は、基本的には、子どもたちの自由な発想を許してはいない。それでも、授業で使用しなければならないとすれば、その教材を教材化し直すしかない。その時の視点のひとつは、第1章で確認された「人権」の視点である。人権保障および人権侵害はきわめて具体的な事柄であり、つねに特定の文脈における関係のあらわれ方として具現化している。

　そこで、本章では、硬直化し、なんら具体的な思考や社会的観点をもたない、むき出しの徳目主義である教科書内容を具体的な問いで教材化し直すことを提言したい。教科書が想定する結論からスタートして、そこに「なぜ」という問いをしつこく浴びせることで、教室において実質的な議論ができるようにしていきたい。

参考文献

・池田賢市（2021）『学びの本質を解きほぐす』新泉社。
・大庭健（2005）『「責任」ってなに？』講談社。
・下司晶（2016）「道徳性の発達理論とその臨界―フロイト、ピアジェ、コールバーグ」、井ノ口淳三編『道徳教育』（改訂2版）教師教育テキストシリーズ11、学文社、50 〜 77頁。
・佐藤広美、藤森毅（2017）『教育勅語を読んだことのないあなたへ―なぜ何度も話題になるのか』新日本出版社。

第4章

道徳教育の授業実践をどうつくるか

水野 佐知子

はじめに

　道徳が「特別の教科」となって、小学校で3年、中学校で2年が経った。「特別の教科 道徳」の導入を提言した中央教育審議会答申(2014年10月21日付「道徳に係る教育課程の改善等について」)には、「特定の価値観を押し付けたり、主体性をもたず言われるままに行動するよう指導したりすることは、道徳教育がめざす方向の対極にあるものと言わなければならない」、「多様な価値観の、時に対立がある場合を含めて、誠実にそれらの価値に向き合い、道徳としての問題を考え続ける姿勢こそ道徳教育で養うべき基本的資質である」と書かれている。このことを踏まえ、学習指導要領（小学校・中学校）では、新しく教科となった「道徳」教育において、「考える道徳」「議論する道徳」への転換を図るとされた。これまでの「道徳の時間」といういわゆる特設の時間を使っての道徳教育が、「考えず」、「議論せず」であったかといえば、けっしてそうではないのだが、教科化に向けた改革案では、この点が強調された。

　しかし、「特別の教科 道徳」についての学校現場での受け止め方、また実際の授業方法・計画の実態をみると、かえって、そのめざすべきとされたことから遠ざかってしまうのではないかとの結論に至る。

　そこで、以前からさまざまな懸念があった教科化された道徳教育について、実施以降の学校現場の様子や課題などを踏まえ、今後どのように対応していけばよいのか、いくつかの実践例を挙げながら、考えていきたい。なお、中学校の実践例については、まだ十分な蓄積がなく、また感染症による現場の多忙などにより、その収集も難しいため、ある程度蓄積されてきた小学校での実践を中心に検討していきたい。

1　内容項目の特徴

　学ぶべき内容項目（いわゆる徳目）は、小・中学校ともに4つの領域（A 主として自分自身に関すること、B 主として人との関わりに関すること、C 主として集団や社会との関わりに関すること、D 主として生命や自然、崇高なものとの関わりに関すること）に分けて示されている。それぞれの内容をみてみると、かなり断定的な表現がなされており、中教審答申で「特定の価値観を押し付けない」とされていながらも、めざすべき子どもの姿があらかじめ設定されていることがわかる。

　たとえば、小学校1、2年生の「A 主として自分自身に関すること」の領域に含まれる内容項目には、次のように書かれている。

〈善悪の判断、自律、自由と責任〉
よいことと悪いこととの区別をし、よいと思うことを進んで行うこと。
〈正直、誠実〉
うそをついたりごまかしたりしないで、素直に伸び伸びと生活すること。

　一見すると、とても「道徳的」でよいことが書かれているようであるが、子どもたちの世界は、このようにキレイごとでは済まない場合がほとんどである。「よいことと悪いこと」の区別はその時々によって変わることもあり、「うそをついたりごまかしたり」することが必ずしも悪いこととは言い切れない場合もあるだろう。しかし、学習指導要領にこのように書かれてしまうと、ある現象に対して、「うそをつくことはいけないこと」といった単純化された価値判断でとらえていくことになるだろう。考えたり、議論したりする余地はなくなってしまう。

　なお、以下に具体的な内容項目（22項目）を挙げておく。[　]で示されているものが小学校での項目、〈　〉で示されているものが中学校での項目である（小学校の場合には、各項目についての説明は、低学年・中学年・高学年の順で別個に表現され、また、「相互理解、寛容」の項目は低学年にはなく、「真理の探究」と「よりよく生きる喜び」は高学年のみの項目となっている）。

A 主として自分自身に関すること

　　［善悪の判断、自律、自由と責任］［正直、誠実］［節度、節制］

　　［個性の伸長］［希望と勇気、努力と強い意志］［真理の探究］

　　〈自主、自律、自由と責任〉〈節度、節制〉〈向上心、個性の伸長〉

　　〈希望と勇気、克己と強い意志〉〈真理の探究、創造〉

B 主として人との関わりに関すること

　　［親切、思いやり］［感謝］［礼儀］［友情、信頼］［相互理解、寛容］

　　〈思いやり、感謝〉〈礼儀〉〈友情、信頼〉〈相互理解、寛容〉

C 主として集団や社会との関わりに関すること

　　［規則の尊重］［公正、公平、社会正義］［勤労、公共の精神］

　　［家族愛、家庭生活の充実］［よりよい学校生活、集団生活の充実］

　　［伝統と文化の尊重、国や郷土を愛する態度］［国際理解、国際親善］

　　〈遵法精神、公徳心〉〈公正、公平、社会正義〉

　　〈社会参画、公共の精神〉〈勤労〉〈家族愛、家庭生活の充実〉

　　〈よりよい学校生活、集団生活の充実〉

　　〈郷土の伝統と文化の尊重、郷土を愛する態度〉

　　〈我が国の伝統と文化の尊重、国を愛する態度〉〈国際理解、国際貢献〉

D 主として生命や自然、崇高なものとの関わりに関すること

　　［生命の尊さ］［自然愛護］［感動、畏敬の念］［よりよく生きる喜び］

　　〈生命の尊さ〉〈自然愛護〉〈感動、畏敬の念〉〈よりよく生きる喜び〉

　この内容項目の分類を見てすぐにわかることは、「C 主として集団や社会との関わりに関すること」に多くが割り当てられていることである。このことのもつ問題性については、第3章で述べられているので繰り返さないが、次のことは指摘しておきたい。すなわち、「C」で問われる社会的な課題が個人の生き方・あり方を中心課題とする道徳教育の枠内で考えられていくことで、本来は、政治、経済、歴史等の観点から問題を把握しなければならないことが個人の心の問題にすり替えられていく危険性がある

のではないか、という点である。

2 「指導書」による授業実践上の問題点

　では、実際に、教科書教材を指導書にある流れの通りに実施した授業を
検討してみたい。すでに第3章でみたように、教科書は、あらかじめ内容
項目を示したうえで子どもたちに話し合わせるということになっており、
子どもたちが自由に自分の意見が言える環境にはないと言える。これに対
しては、教員の指導力の問題だ、とみなす考え方もある。しかし、道徳が
教科になり、「評価」をしなければならない立場に追い込まれた教員は、
一つのゴールに向けて子どもたちを指導していくことでしか評価基準が定
められないと感じている。いわゆるオープンエンドで授業を終わらせるわ
けにはいかないのである。このような背景を考慮すれば、「いじめ」を誘
発しかねない授業運営も心配される。

　これから2つの教材を検討してみたい。

　以下のAの教材について指導書の通りに授業を行った場合、子どもたち
の多くは一生懸命、「きまりを守らない悪い人」を探しはじめる。しっか
りと教員の意図を汲んで、考え、話し合っていた。

　しかし、なかには「他にキャッチボールする場所がないから、場所を分
けるとか考えたほうがいいと思った」「ごみを捨てちゃうのはごみ箱がない
からだよ」など、きまりだけにこだわらない全体の構造を問題とした意見
をもった子もいた。けれども、指導書の展開の中では、このような意見は
あまり広がることがなく終わってしまう。というより、むしろ広げてはな
らないのである。「考え・議論する道徳」をめざすのであれば、本来はこ
のような自由な発想こそが大切なはずなのだが。見えている現象の背景に
までメスを入れていかなければ、子どもたちは「考える」ことができない。

A「どんなきまりがあるかな」(2年生用、光村図書)[内容項目：規則の尊重]

イラストを見て話し合うという教材である。どの学年、どの教科書にも多く見られる形式である。

指導書の展開	問題点
①「きまりがないと自分たちの生活はどうなるか」を話し合う ・困る ・危ない	←「きまりは大切」という価値観を前提として設定している
②「なぜきまりをまもらなければならないか」を考えさせる	←そもそも「きまり」とは何を指すのかは問われていない
③イラストを見て、きまりを守っていない人を探す ・ボールを追いかけて道路に出ている ・川に空き缶を捨てている ・赤ちゃんの近くでキャッチボールをしている　　　　　　　　　　など	←一般的によくないと言われているような行為の「典型（ステレオタイプ）」を探すことになっている ←「きまりを守らないことは他者に迷惑をかける」という暗示
④「きまりを守っていない人を見て、周りの人はどう思うか」を話し合う	←イラストを見ただけですでに「答え」は明らか
④′「きまりを守っていない人にどんな言葉をかけるか」を話し合う	
⑤「これからもきまりを守っていこう」と終わる	←最初の前提の繰り返しなので、考える余地はない

次のBの教材は子どもたちの日常に起こりそうな出来事を取り上げ、自分たちの身に置きかえ、ふり返り、自分事として考えさせるという、道徳教育ではよくある展開である。

子どもたちはみんな「謝ること」が大切なことは理解している。しかしだからといって、そう簡単にできないから日々いろいろなことが起きるのである。そこには、様々な状況や関係性があるからである。この教材の場合にも、子どもたちの中には、「さとしとの関係は？」と思う子や「謝られても許せないこともある」という子も実際にいた。

B「よごれた絵」（3年生・光村図書）［内容項目：正直・誠実］

　「ぼく」と「さとし」が遊んでいて、壁に飾ってある「あきら」の絵を汚してしまった。それはあきらが写生大会で金賞を取ったものだった。「さとし」に「黙っていれば分からない」と言われそのまま家に帰る「ぼく」。しかし、翌日「あきら」に謝り、許してもらう、という内容。このような内容は、道徳教材としてはまさに典型的である。

指導書の展開	問題点
①自分の体験をふり返る 「わざとではなくても、悪いことをしてしまったとき、正直に言わなければいけないのはなぜか」考えさせる ・気分が悪い ・ごまかすのはよくない	←正直に「言わなければならない」という価値観を前提として設定している
②家に帰ったあとの「ぼく」の気持ちを考える ・悲しんでるかな ・謝るのは難しいな	←どんな感情を持つかということまで例示されているので、②での結論は多様にはならない
③「ぼく」があきらに打ち明けたのはなぜか考える ・謝ったほうがすっきりする	←「言わなければならない」前提で、感情まで誘導されていれば、結論は明らか
④自分の生活をふり返る 「正直に謝るとどんないいことがあるか」考えさせる	←「正直に謝る」ということありきの展開・結論

　指導書通りの展開では、発想は全く広がらず、考える余地もきわめて狭くなってしまう。子どもたちが実際に考えていることは、「建前だけではどうにもならないこと」という現実の生活感覚なのである。そこを授業で丁寧に拾い上げていくことで、生きた道徳教育になっていくはずである。

　指導書通りに授業を行った場合の例を２つ挙げた。他の教材を見ても、内容項目に合わせた価値観を前提とした展開となっている。何度も言うように、それでは子どもたちが「考える道徳」にはならない。内容項目を手がかりとして、どうやって子どもたちの思考を膨らませていくかが、実践論としては問われているのである。

しかし、そうは言っても、教職経験の浅い教員や多忙で授業研究もままならない教員にとっては、教科書や指導書通りに進めることで精一杯という現状もある。

　批判ばかりをしていても仕方がない。いまわたしたちにできることはなにか、どのような工夫ができるかを考えていきたい。

3　どのような授業をつくっていくか

(1) 自主教材の活用

　検定教科書があるからといって、教科書以外の教材を使用してはいけないというわけではない。この点は文部科学省も述べていることである。教科書の発行に関する臨時措置法（第2条）によれば、教科書は教科の「主たる教材」ではあるが、学習指導要領には、「各地域に根ざした地域教材など、多様な教材を併せて活用することが重要となる」と記されている。実際、内容項目は22項目であり、「特別の教科 道徳」の年間授業時数は35時間であるのだから、1時間に1項目を扱ったとすれば、13時間は教科書以外の教材を使用することになっていく。とはいえ、多忙な教員たちが、自主教材を開発していくことはなかなか難しい。

　それでも、教科書以外の教材も使用可能なのであるから、そこを最大限に活かし、既存の読み物を教材化していく工夫は必要であろう。以下、わたし（水野）が以前授業を行った自主教材による授業を、とくに子どもたちの発言に着目して紹介する。

A『うそ』（中川ひろたか作・ミロコマチコ絵、金の星社、2014年）
　「うそをつくのはいけないことだけど、うそをついてないひとなんているのかなあ？」ということをテーマに、さまざまな「うそ」の例やうそをつく場面をあげ、「うそってなんだろう、ひとってなんだろう」という場面で終わる絵本。3年生で実施。

展開	子どもたちの「発言」
①「うそ」をついたことはありますか。それはどんな時？	「ある！　お母さんに怒られたとき」 「学校行きたくない時、おなか痛いって言ったことある」
②「うそ」の絵本の読み聞かせ	
③絵本を読んでみてなにを思いましたか。	「うそは、いけない時といけなくない時があるのかな」 「友だちとの約束を断るときについたうそは仕方ないうそなのかな」 「人を傷つけるうそはよくないよ」 「傷つくかはわからないよね」 「うそってなんだろう……」

〈実践上の注意点〉

　多くの子が、大人たちから「うそをつくな」「うそつきは泥棒の始まり」などと言われた経験があるだろう。そのため「うそはいけないこと」とすり込まれている。

　しかし、日常生活の中には、思いのほか「うそ」は身近にちらばっている。また、学年が上がってくれば、「嘘も方便」などということばも耳にするようになる。子どもたちの中には、「いったいどういうことだ？」と思う子もいるかもしれない。そして、自分自身の経験の中にも、友だちとの付き合いの中で「うそ」をつかなければいけない場合も出てくる。この教材は、実際に友だちとのかかわり方で悩んでいる子がクラスにいたときに用意した教材である。

　自分たちの経験をもとに話し合い、矛盾した思いをみんな抱えているということや、善悪だけでは言えないこともあるのだということなどを共有し、オープンエンドで終わらせる展開にした。

B『わたしが障害者じゃなくなる日～難病で動けなくてもふつうに生きられる世の中のつくりかた』（海老原宏美著、旬報社、2019年）

　重度障害者としてくらす著者が、障害とは何か、人間の価値とは何かを問いかける内容。

　「わたしに障害があるのは、あなたのせいなのです。そう言ったら、おどろきますか？」ということばで始まる本。この本の一部を使いながら、数回に分けて授業。5年生で実施。

	展開	子どもたちの「発言」
1	①海老原さんの写真を見せて紹介 （電動車いす、呼吸器をつけている） ②「はじめに」の部分を読む ③1章「わたしは障害者なの？」を読み、 障害の「社会モデル」と「個人モデル」 について話し合う	「動けなくて大変そう」 「出かけているのがすごい」 「驚くというか、関係なくない？」 「確かにそう言われると、障害ってなんな のだろう？」
2	①2章「障害者ってかわいそうなの？」 を読み、「障害者」のイメージについ て話し合う ②「合理的配慮」について話し合う	「困っている人」「大変な人」 「でも社会モデルで考えると障害者ってい ないんじゃないの？」 「ずるいと思ってしまっていた」 「それぞれに必要なことが違う」 「一番その人に必要なことを考える」
3	①3章「人間の価値ってなんだろう？」 を読み、共に生きていく社会をつくる ために話し合う	「何かをしてあげる、と思っていたけどそ れは違った」 「上から目線で見てたところがある」 「自分たちにも同じことが言える」 「それぞれを知らないとわからないことが 多い」

〈実践上の注意点〉

　検定教科書に出てくる「障害者」は、「障害を乗り越え活躍している人」か、「困っていてだれかに助けてもらう人」として描かれており、かなり偏りがある。それはとてもステレオタイプな障害者のイメージであって、「障害」の捉え方からして間違っている。

　教科書を通して子どもたちに植え付けられてしまう「障害者」のイメージを変えるため、この書物を教材化した。これにより、共に生きる社会について子どもたちが考えていけるようにした。障害の「社会モデル」など、知識として伝えなければならない考え方などもあるので、多少誘導的になっている部分もある。

　しかし、子どもたちにとっては、障害当事者が語ることから初めて知ることも多く、「障害」の捉え方や関わり方について、改めて気づく発言が多く見られた。

　これらの教材は、受け持ったクラスの子どもたちの状況に応じて考えたものである。学校は子どもたちの「生活の場」である。そのため、子どもたちとの毎日には、いろいろなことが起こる。そのような中で、子どもたちの日々の様子に合わせて、必要な場面に応じて、道徳の授業を行うことこそが、子どもたちにとって一番の「生きた道徳教育」になると考える。

(2)「中断読み」

　次に、検定教科書を使う場合に、子どもたちに価値観を押し付けることなく、子どもたちが考えることのできる授業をするには、どうしたらいいのかを考えたい。

　そのための一つの方法として、「中断読み」がある。「中断読み」とは、読み物教材を使用するときに、あらかじめ教員が教材を中断する場所を決め、最後まで読まずに子どもどうしが意見を交流し、そのまま終わらせるという指導法である（宮澤弘道ほか編著『「特別の教科 道徳」ってなんだ？』現代書館、2018年を参照）。

　先にも述べたように、教科書には、基本的に「その教材で学ぶべき内容項目」や「特定の価値観に導くような発問」が書かれている。そこを子どもが見てしまうことで、多様な考えが出てこなくなり、したがって、考えることも、議論することもできなくなってしまう。それを回避していく方法として、この「中断読み」がある。ただし、教科書は配布しなければならず、あらかじめ子どもが通読してしまうこともある。そこで、教科書を教室保管として預かっておくというかたちをとるなどの工夫が必要となる（もちろん、年度末には子どもたちに手渡す）。

　授業前、教員は、「この教材を最後まで扱うと子どもたちの反応はどうなるか、途中で切るならばどこで切ると子どもたちが考え議論するのに最適か」といった視点で教材研究を行い、教科書掲載の教材の一部をコピーするか、あるいは、改めて自らのパソコンで打ち直すなどして、子どもたちに配る教材を作成する。多少の手間はかかるものの、これを行うか行わないかで、子どもたちの意見の出方は全く異なる。

　ここで、「中断読み」を行い、その後全文（物語の続き）を紹介した場合の子どもたちの様子の変化について、二つの事例を紹介する。

Ａ「およげないりすさん」（2年生・光村図書）［内容項目：公正・公平・社会正義］

　池のほとりで、すべり台やブランコがある池の中の島で遊ぼうと、アヒルとカメと白鳥が相談している。そこにリスがやってくる。リスが「連れて行って」と頼んだところ、「泳げないからだめ」と断られ置いていかれてしまう。〈中断読みはここまでで切る〉

しかし、島に行って遊んでいても少しも楽しくなく、翌日には、カメが
リスを背中に乗せてみんなで島に行き遊ぶ、という内容。

展開	子どもたちの「発言」	
①お話を聞いて どう思ったか。	「リスがかわいそう」 「リスが泳げるようになればいい」 「橋はないのかな?」 「船をつくればいい」 「悲しい」「くやしい」「いやな気持ち」 「ちがう子とちがう遊びをすればいい」 「アヒルたちにできない木登りして 見せればいい」	ここまでの子どもたちの 様子は、リスの気持ちにな ったり、アヒルたちへの対 抗策を考えたりしていた。 　また、気持ちの話ではな く設備など、状況の問題だ と考える子もいた(橋を作 ったり、船で渡るなど)。
②島にわたった みんなはどう 思っているか。	「悪いことしたかな」 「たのしいな〜」 「早く橋できればいいのにね」 「島にしかすべり台はないのかな」	いろいろな立場や視点か らの意見が出て、話し合い は盛り上がっていた。

しかし、遊んでいても、少しも楽しくありません。

| ③続きを読んで どう思ったか。 | 「やっぱり楽しくないね」
「リスも助けてあげないと」
「謝ったほうがいいよ」
「カメの背中はいいね」
「みんな一緒に遊ぶのがいいよ」 | 「しかし〜」の一文以降 を読むことによって、一気 にリスもいっしょに遊ぶと いう視点に切り替わり、そ の一つの視点での意見だけ になっていった。
　状況を問題にした意見も 「みんな仲良く」という価 値観の中で消えていった。 |

　すでに想像できるように、この教材の最初には、「みんなとなかよく」
と書いてあり、最後の部分には、「みんなと仲良くすることの大切さにつ
いて、考えましょう」と指示されている。

B「流行おくれ」（5年生・光村図書）[内容項目：節度・節制]

　社会科見学に行くときに着るために、流行のスカートが欲しいと母にねだる「まゆみ」。新しいものを何でも欲しがることを注意され、いらだちながら部屋に戻ると、弟に「貸した本を返してほしい」と言われる。その本は図書館から借りたものだった。＜中断読みはここまでで切る＞

　弟は、本当はその本を買って欲しかったけれど、母に言われて我慢していたのだと話す。弟が出て行った後、服や本で散らかった部屋を見て、母や弟のことばが妙に気になりだした、という内容。

展開	子どもたちの「発言」	
①お話を聞いてどう思ったか。	「あるある！！」 「ついこの間もお母さんに同じこと言われた」 「友だちが買うのなら自分も欲しい」 「友だちに双子コーデしよって言われちゃってるかもしれない」 「弟怒られてかわいそう」 「返さないのはひどい」 「返し忘れよくある」 「だからって、勝手に部屋入らないでほしい」 「要らないものは買わないほうがいい」 「八つ当たりだ」 「でもイライラはしちゃうよ」	ここまでの子どもたちの様子は、まゆみのことを自分事として捉え、自分たちも日ごろ感じる素直な思いが多かった。 　また、友だちとの関係性に目を向ける子もいた。様々な体験談が出て、盛り上がっていた。
	本は弟が買うことを我慢したものだった。 母や弟のことばが気になりだした。	
②続きを読んでどう思ったか。	「弟も我慢してたのか」 「仕方ないあきらめよう」 「弟に悪いことした」 「流行に乗ろうとしてばかりだな」 「ちゃんと片付けないと」	この教材がなにを暗示しているのかを読み取ったのか、自由な発言は減り、「我慢」や「節約」といった意見が増えた。

「本当に欲しいものだけお願いしよう」 「物は大切にしよう」	「物を大切に」ということは、ほとんどの子が分かっている。しかし、「そうは言ってもね～」というのが本音である。全文を読むことで本音が出づらくなってしまった。

　この教材の最初には、「節度を守って」と書かれてあり、最後には、「節度ある生活を送るために大切なのは、どんなことだろう」と問いかけられている。

　これらの事例からわかるように、はじめから教科書そのものを読んでいく形で授業を進めると、最初のページにいきなり「みんなとなかよく」や「節度を守って」と書かれてしまっているので、おそらく、ここで紹介した前半部分の子どもたちの発言は出てこないと思われる。最後の問いかけも含め、それぐらい、教科書には、内容項目への誘導が著しく見られるということである。

　教材を「どこで切るか」は、教員によって異なる。それは、読み取り方のちがいや授業のねらい・展開による。また、教材によっては、中断せずに最後まで読んだ方が活発な話し合いになるものもあるので、そのあたりの見極めは必要になるだろう。しかし、このような「中断読み」は、あくまでも教科書を使う場合の工夫にすぎず、これによって教科となった道徳教育の問題点が解決されるわけではない点には注意しておきたい。

4 わたしたちにできることはなにか

(1) クラスづくり

　先に紹介したように、指導書に沿って授業を展開していくと、「異論を排除してしまう」ことが起こる。一つの教材から子どもたちはいろいろなことを考える。従来の道徳の授業では、「そういう考えもあるね」「他の見方もできるかもね」などと言って、子どもたちの意見を否定することなく、いろいろな意見を聞きながら授業を進めることが可能だった。

　現在では、子どもも教員も、いわば「丁寧な」教科書のおかげで、終着点が見えてしまっているため、ほとんどの子どもが、求められる答えを考えながら授業にのぞんでいる。しかし、クラスには、必ずしも教員の意図を汲む子どもばかりではない。まったく予期していなかった発言や一見すると的外れと思われる意見が出ることもあるだろう。その時に、周りの子どもたちからの同調圧力が働き「あいつおかしなことを言っている」「そんなの変だよ」と言われてしまうことも起きるだろう。また、教員も意見を処理しきれず、聞かなかったことにしてしまうことも起こるかもしれない。このような状況では、せっかく自分の意見を言った子どもも、もう発言をしなくなってしまうだろう。

　道徳で扱うものには、子どもたちの生活に密接な内容も多い。したがって、子どもたちは自分の生活経験に沿って発言をする場合が多い。しかし、子どもたちの生活経験はそれぞれ違う。違うからこそ、いろいろな意見が出て「面白い」のである。授業をどうつくっていくかの前に、まずは子どもたちが安心して過ごせ、どんな意見でも言い合え、受け止め、認め合える関係づくり、クラスづくりを行っていくことがわたしたち教員にできることだと考える。

(2) 人権教育との関わり

　「特別の教科　道徳」を人権教育として実践していこう、という声を聞くことがある。教科化された道徳に対して懐疑的で、何か違う視点から実践できないかと考えることは重要である。しかし、人権教育として扱う場合には気をつけなければならない点もある。

学習指導要領のなかの「特別の教科　道徳」の項では、「よりよく生きるための基盤となる道徳性を養うため、道徳的諸価値についての理解を基に、自己を見つめ、物事を多面的・多角的に考え、自己の生き方についての考えを深める学習をとおして、道徳的な判断力、心情、実践意欲と態度を育てる」と、その目標が明記されている。

　要するに、「道徳教育」は個人の生き方や心のあり方を問題としている。それに対して「人権教育」は誰もが差別されることなく、市民生活を送ることができるように政策等を整備していく社会的な構造を問題としている。心のあり様として「人権」を語ることはできない。

　この違いを理解しないままに、道徳教育を人権教育として扱うことは、公的な問題を私的な問題として扱うことになるという危険を伴う。たとえば、「中断読み」で挙げた「およげないりすさん」の話などは、その危険性が分かりやすいものである。教科書の展開では、リスが島に行けない、みんなで一緒に遊べないということを、リスの能力の問題や周りのみんなの気持ち（やさしさなど）の問題としてとらえることになる。橋がないなどの公の問題として扱うことは、きわめて難しい。しかし、子どもたちの発言を見ればわかるように、なぜ橋がないのか、といった観点がすぐに出てきていた。ちなみに、国連の「子どもの権利条約」には、子どもには遊ぶ権利があると規定されている。特定の子どもがアクセスできないような場所に遊び場があるということ自体が、社会的に問題視されなくてはならない。

5　「評価」の一例

　さて、ここで、教科としての道徳の「評価」について、やや具体的に考えておきたい。教科としての「実践」があれば、それに「評価」が伴う。本書全体を通して問題としていることの一つは、価値や生き方にかかわる道徳教育において「評価」するという行為のもつ問題性なのだが、あえて、ここで「どう評価すればよいのか」を、その文言のレベルにまで落とし込んで例示してみたい。

　「特別の教科　道徳」の評価は、数値等ではなく記述式による個人内評価

ということになっており、かつ、内容項目ごとではなく「大くくり」ですべしとされている。とはいっても、道徳（的判断）は常に具体的にしか現れないので、少なくとも、内容項目の4つの柱のどれかを意識して書くということになるかもしれない。また、特定の価値を押し付けるような評価も避けなくてはならない。たとえば、次のような表現がありうる。

「主として人とのかかわりについて考え、自分の考えや意見を相手に伝えるとともに、自分とは異なる意見や立場を尊重して聞くことができた」

そもそも「評価」なのだから、特定の基準に基づかなくてはならず、この例でも「聞くことができた」というように、一定の価値を前提とした表現にならざるを得ない。あるいは、次のようなものも考えられる。

「自分とは違う感じ方を知り、多面的・多角的に物事を考えることができた」
「読み物教材の登場人物を自分に置き換え、具体的に理解しようとしていた」
「道徳的葛藤場面でさまざまな視点で考えようとしていた」

どうだろうか。ほぼ、何も言っていないに等しいとの印象をもたれたかもしれないが、特定の項目についての記述にならず、子どもたちの道徳性の変化を感じさせる書き方としては、ぎりぎりの表現かもしれない。

なお、ここでの「評価」の文言は指導要録に書く場合を想定した。「特別の教科 道徳」の評価を通知表に記載するかどうかについては、各学校や教育委員会の判断による。毎学期、通知表に記載する学校もあれば、学年末に一回のみの記載とするところもある。内容も、指導要録と同じ文言にするか、通知表には異なることを書くか、判断が分かれるだろう。もちろん、そもそも通知表には記載しないという選択肢もありうるのだが、保護者などからかえって違和感をもたれる可能性もある。

いずれにせよ、子どもの「内心」に公権力が踏み込むわけなので、学校内での細かな合意形成と保護者との信頼関係の構築が「評価」の前提となるだろう。

おわりに

以上のように、実際に授業をつくっていくときには、子どもたちの発言を丁寧に引き出していくことが前提となる。そのうえで、教員が、道徳教育と人権教育の違いを認識し、「人権」の視点をもちつつ授業を展開していくことが必要となる。そうすれば、おそらく、子どもたちから出てくる「橋をつくればいい」といった発言の意味を掘り下げていくことができ、「考え、議論する」授業となるはずである。

つまり、「人権」の発想を活かすことで、さまざまな見方・価値の存在を知り、それらの意味や根拠を検討していくことができる。道徳の授業は、子どもたち個人のさまざまな意見がぶつかり合う場でもある。だからこそ、考え、議論し、どうやって共存していくかの調整を学べるのではないか。

参考文献

・中川ひろたか作・ミロコマチコ絵 (2014)『うそ』金の星社。
・海老原宏美 (2019)『わたしが障害者じゃなくなる日〜難病で動けなくてもふつうに生きられる世の中のつくりかた』旬報社。
・宮澤弘道・池田賢市編著 (2018)『「特別の教科 道徳」ってなんだ？──子どもの内面に介入しない授業・評価の実践例』現代書館。

おわりに

　子どもの心を支配しようとする方向で「特別の教科 道徳」が機能しないようにするためには、理論的には「人権（教育）」の枠組みに依拠し、実践的には「子どもの事実（姿・現実）」に基づき授業を展開していくことが必要になるということが、本書全体を通して明らかになったはずである。

　ただし、その際には注意点もいくつかある。最も重要な点は、「道徳」と「人権」とは、一見すると似ているようであっても、根本的に議論の対象とすることがらが異なっている、ということである。したがって、人権（教育）の観点から「特別の教科 道徳」の実践をつくったからといって、人権教育の実現もそれによって果たされたと思わないほうがよい。人権教育は、そのものとして、学校現場においてあらゆる機会をとらえて、しっかりと計画的に取り組まれなければならない。本書は、あくまでも「特別の教科 道徳」の実践を、子どもたちに害がないようにするにはどうしたらよいのかという点に関心を置いている。

　1958年の学習指導要領改訂によって「道徳の時間」が設定されて以来、当初はかなり強く意識されていたはずの、学校という公的時間空間において「道徳教育」を実践するということ自体への警戒感は、時代とともにどんどん薄れていき、道徳教育が「好きだ」と言う教員も多くなってきた。もちろん、そのような意識になってくることを問題にしたいのではない。なぜ「好き」なのかという点について明確化しておく必要がある、ということである。

　おそらく「好き」である理由の中には、道徳の授業で子どもたちの多様な意見が出てくることに魅力を感じる、ということがあるのではないかと

思う。では、なぜ「多様な意見」が出るのかを考えてみてほしい。「評価・評定」から子どもも教員も解放されているから、という理由は大きいかもしれない。言い方を変えれば、子どもから見れば、他の教科のように指示された内容の習得に向けて努力が要求され、試験によってその習熟度が測られるというストレスから解放される。教員にとっては、習熟度を測るというストレス、学力向上をめざさざるを得ないストレスから解放されることによって、生き生きと、学習指導要領につよく縛られることなく、自分のオリジナリティを活かした授業が展開できる。このように、教員自身がとても寛容な気持ちで自ら楽しんで授業に臨んでいれば、子どもたちも安心して本音が言える。「間違ったらどうしよう」「しかられるかもしれない」などと思う必要はない。

　ところが、「特別の教科 道徳」は、このような授業環境の破壊を前提としなければ成り立たない設計になっている。だから、設計し直さなければならない。本書は、このことを実践的に実現するためのヒントになることを願って書かれている。

　本書は、道徳教育に関する原理的問題を論じているものではない。また、授業づくりのハウツー本でもない。著者としてわたしたちは、現状の学習指導要領と教科書に無批判に依拠して道徳教育の実践を展開していくことに懸念をもち、どのような観点に注意していけば、内心の自由を侵害せず、子どもたちの多様な意見を尊重しながら、人々が安心して生活を送れる社会をつくっていけるかを道徳教育の中に問いたいと思っている。

　実際の授業は、それぞれの学校で、顔の見える関係の中で、状況に応じて工夫されていく必要がある。その際の教材研究の参照枠として本書が活用されることを願っている。

著者を代表して　池田　賢市

世界人権宣言（仮訳文）

出典：外務省ホームページ
https://www.mofa.go.jp/mofaj/gaiko/udhr/1b_001.html

前　文

　人類社会のすべての構成員の固有の尊厳と平等で譲ることのできない権利とを承認することは、世界における自由、正義及び平和の基礎であるので、人権の無視及び軽侮が、人類の良心を踏みにじった野蛮行為をもたらし、言論及び信仰の自由が受けられ、恐怖及び欠乏のない世界の到来が、一般の人々の最高の願望として宣言されたので、人間が専制と圧迫とに対する最後の手段として反逆に訴えることがないようにするためには、法の支配によって人権保護することが肝要であるので、諸国間の友好関係の発展を促進することが、肝要であるので、国際連合の諸国民は、国際連合憲章において、基本的人権、人間の尊厳及び価値並びに男女の同権についての信念を再確認し、かつ、一層大きな自由のうちで社会的進歩と生活水準の向上とを促進することを決意したので、加盟国は、国際連合と協力して、人権及び基本的自由の普遍的な尊重及び遵守の促進を達成することを誓約したので、これらの権利及び自由に対する共通の理解は、この誓約を完全にするためにもっとも重要であるので、よって、ここに、国際連合総会は、社会の各個人及び各機関が、この世界人権宣言を常に念頭に置きながら、加盟国自身の人民の間にも、また、加盟国の管轄下にある地域の人民の間にも、これらの権利と自由との尊重を指導及び教育によって促進すること並びにそれらの普遍的かつ効果的な承認と遵守とを国内的及び国際的な漸進的措置によって確保することに努力するように、すべての人民とすべての国とが達成すべき共通の基準として、この世界人権宣言を公布する。

第一条

すべての人間は、生れながらにして自由であり、かつ、尊厳と権利とについて平等である。人間は、理性と良心とを授けられており、互いに同胞の精神をもって行動しなければならない。

第二条

1　すべて人は、人種、皮膚の色、性、言語、宗教、政治上その他の意見、国民
　　的若しくは社会的出身、財産、門地その他の地位又はこれに類するいかなる
　　事由による差別をも受けることなく、この宣言に掲げるすべての権利と自由
　　とを享有することができる。

2　さらに、個人の属する国又は地域が独立国であると、信託統治地域であると、
　　非自治地域であると、又は他のなんらかの主権制限の下にあるとを問わず、
　　その国又は地域の政治上、管轄上又は国際上の地位に基づくいかなる差別も
　　してはならない。

第三条

すべて人は、生命、自由及び身体の安全に対する権利を有する。

第四条

何人も、奴隷にされ、又は苦役に服することはない。奴隷制度及び奴隷売買は、
いかなる形においても禁止する。

第五条

何人も、拷問又は残虐な、非人道的な若しくは屈辱的な取扱若しくは刑罰を受け
ることはない。

第六条

すべて人は、いかなる場所においても、法の下において、人として認められる権
利を有する。

第七条

すべての人は、法の下において平等であり、また、いかなる差別もなしに法の平
等な保護を受ける権利を有する。すべての人は、この宣言に違反するいかなる差
別に対しても、また、そのような差別をそそのかすいかなる行為に対しても、平
等な保護を受ける権利を有する。

第八条

すべて人は、憲法又は法律によって与えられた基本的権利を侵害する行為に対し、
権限を有する国内裁判所による効果的な救済を受ける権利を有する。

第九条

何人も、ほしいままに逮捕、拘禁、又は追放されることはない。

第十条

すべて人は、自己の権利及び義務並びに自己に対する刑事責任が決定されるに当っては、独立の公平な裁判所による公正の公開の審理を受けることについて完全に平等の権利を有する。

第十一条

1　犯罪の訴追を受けた者は、すべて、自己の弁護に必要なすべての保障を与えられた公開の裁判において法律に従って有罪の立証があるまでは、無罪と推定される権利を有する。

2　何人も、実行の時に国内法又は国際法により犯罪を構成しなかった作為又は不作為のために有罪とされることはない。また、犯罪が行われた時に適用される刑罰より重い刑罰を課せられない。

第十二条

何人も、自己の私事、家族、家庭若しくは通信に対して、ほしいままに干渉され、又は名誉及び信用に対して攻撃を受けることはない。人はすべて、このような干渉又は攻撃に対して法の保護を受ける権利を有する。

第十三条

1　すべて人は、各国の境界内において自由に移転及び居住する権利を有する。

2　すべて人は、自国その他いずれの国をも立ち去り、及び自国に帰る権利を有する。

第十四条

1　すべて人は、迫害を免れるため、他国に避難することを求め、かつ、避難する権利を有する。

2　この権利は、もっぱら非政治犯罪又は国際連合の目的及び原則に反する行為を原因とする訴追の場合には、援用することはできない。

第十五条

1　すべて人は、国籍をもつ権利を有する。

2　何人も、ほしいままにその国籍を奪われ、又はその国籍を変更する権利を否認されることはない。

第十六条
1　成年の男女は、人種、国籍又は宗教によるいかなる制限をも受けることなく、婚姻し、かつ家庭をつくる権利を有する。成年の男女は、婚姻中及びその解消に際し、婚姻に関し平等の権利を有する。
2　婚姻は、両当事者の自由かつ完全な合意によってのみ成立する。
3　家庭は、社会の自然かつ基礎的な集団単位であって、社会及び国の保護を受ける権利を有する。

第十七条
1　すべて人は、単独で又は他の者と共同して財産を所有する権利を有する。
2　何人も、ほしいままに自己の財産を奪われることはない。

第十八条
すべて人は、思想、良心及び宗教の自由に対する権利を有する。この権利は、宗教又は信念を変更する自由並びに単独で又は他の者と共同して、公的に又は私的に、布教、行事、礼拝及び儀式によって宗教又は信念を表明する自由を含む。

第十九条
すべて人は、意見及び表現の自由に対する権利を有する。この権利は、干渉を受けることなく自己の意見をもつ自由並びにあらゆる手段により、また、国境を越えると否とにかかわりなく、情報及び思想を求め、受け、及び伝える自由を含む。

第二十条
1　すべての人は、平和的集会及び結社の自由に対する権利を有する。
2　何人も、結社に属することを強制されない。

第二十一条
1　すべて人は、直接に又は自由に選出された代表者を通じて、自国の政治に参与する権利を有する。
2　すべて人は、自国においてひとしく公務につく権利を有する。
3　人民の意思は、統治の権力を基礎とならなければならない。この意思は、定

期のかつ真正な選挙によって表明されなければならない。この選挙は、平等の普通選挙によるものでなければならず、また、秘密投票又はこれと同等の自由が保障される投票手続によって行われなければならない。

第二十二条
すべて人は、社会の一員として、社会保障を受ける権利を有し、かつ、国家的努力及び国際的協力により、また、各国の組織及び資源に応じて、自己の尊厳と自己の人格の自由な発展とに欠くことのできない経済的、社会的及び文化的権利を実現する権利を有する。

第二十三条
1 すべて人は、勤労し、職業を自由に選択し、公正かつ有利な勤労条件を確保し、及び失業に対する保護を受ける権利を有する。
2 すべて人は、いかなる差別をも受けることなく、同等の勤労に対し、同等の報酬を受ける権利を有する。
3 勤労する者は、すべて、自己及び家族に対して人間の尊厳にふさわしい生活を保障する公正かつ有利な報酬を受け、かつ、必要な場合には、他の社会的保護手段によって補充を受けることができる。
4 すべて人は、自己の利益を保護するために労働組合を組織し、及びこれに参加する権利を有する。

第二十四条
すべて人は、労働時間の合理的な制限及び定期的な有給休暇を含む休息及び余暇をもつ権利を有する。

第二十五条
1 すべて人は、衣食住、医療及び必要な社会的施設等により、自己及び家族の健康及び福祉に十分な生活水準を保持する権利並びに失業、疾病、心身障害、配偶者の死亡、老齢その他不可抗力による生活不能の場合は、保障を受ける権利を有する。
2 母と子とは、特別の保護及び援助を受ける権利を有する。すべての児童は、嫡出であると否とを問わず、同じ社会的保護を受ける。

第二十六条

1 すべて人は、教育を受ける権利を有する。教育は、少なくとも初等の及び基礎的の段階においては、無償でなければならない。初等教育は、義務的でなければならない。技術教育及び職業教育は、一般に利用できるものでなければならず、また、高等教育は、能力に応じ、すべての者にひとしく開放されていなければならない。

2 教育は、人格の完全な発展並びに人権及び基本的自由の尊重の強化を目的としなければならない。教育は、すべての国又は人種的若しくは宗教的集団の相互間の理解、寛容及び友好関係を増進し、かつ、平和の維持のため、国際連合の活動を促進するものでなければならない。

3 親は、子に与える教育の種類を選択する優先的権利を有する。

第二十七条

1 すべて人は、自由に社会の文化生活に参加し、芸術を鑑賞し、及び科学の進歩とその恩恵とにあずかる権利を有する。

2 すべて人は、その創作した科学的、文学的又は美術的作品から生ずる精神的及び物質的利益を保護される権利を有する。

第二十八条

すべて人は、この宣言に掲げる権利及び自由が完全に実現される社会的及び国際的秩序に対する権利を有する。

第二十九条

1 すべて人は、その人格の自由かつ完全な発展がその中にあってのみ可能である社会に対して義務を負う。

2 すべて人は、自己の権利及び自由を行使するに当っては、他人の権利及び自由の正当な承認及び尊重を保障すること並びに民主的社会における道徳、公の秩序及び一般の福祉の正当な要求を満たすことをもっぱら目的として法律によって定められた制限にのみ服する。

3 これらの権利及び自由は、いかなる場合にも、国際連合の目的及び原則に反して行使してはならない。

第三十条

この宣言のいかなる規定も、いずれかの国、集団又は個人に対して、この宣言に

掲げる権利及び自由の破壊を目的とする活動に従事し、又はそのような目的を有する行為を行う権利を認めるものと解釈してはならない。

──平易なことばで訳したものもあります──
・『やさしい言葉で書かれた世界人権宣言』文部科学省HP
　https://www.mext.go.jp/b_menu/shingi/chousa/shotou/024/report/attach/1370775.htm
・『わかりやすい世界人権宣言』(谷川俊太郎　訳) アムネスティ・インターナショナル
　日本支部HP
　https://www.amnesty.or.jp/lp/udhr/

[資料]

人権教育および研修に関する国連宣言

出典：ヒューライツ大阪HP
https://www.hurights.or.jp/archives/promotion-of-education/post-5.html

A/HRC/RES/16/1　配布：一般　2011年4月8日　原文：英語
人権理事会　第16会期
議題項目3
開発への権利を含む、あらゆる人権、市民的政治的、経済的、社会的、および文化的権利の促進と擁護

人権理事会により採択された決議*
16/1
人権教育および研修に関する国連宣言

人権理事会は、

2007年9月28日の人権理事会決議6/10の求めにより、人権教育および研修に関する国連宣言案の作成を行った人権理事会諮問委員会の作業を確認し、

諮問委員会の提出した案を基に、人権教育と研修に関する国連宣言案について協議し、最終案をとりまとめ、人権理事会に提出することを任務とするオープンエンド方式の政府間作業部会を設立した2010年3月25日の人権理事会決議13/15を想起し、

オープンエンド方式の政府間作業部会による、人権教育と研修に関する国連宣言案についての報告（A/HRC/WG.91/3）と、この宣言案を人権理事会での検討に付すとの決定を歓迎し、

1. 本決議に付属する人権教育と研修に関する国連宣言案を採択し、
2. 2006年3月15日の国連総会決議60/251パラグラフ5（C）に則り、国連総会に対して次の決議案を採択することを勧告する。

"国連総会は、

2011年3月23日の決議16/1によって、国連理事会が人権教育と研修に関する国連宣言案を採択したことを歓迎し、

1. 本決議に付属する、人権教育と研修に関する国連宣言案を採択し、
2. 政府、国連の機関と組織、政府間組織と非政府組織に対して、本宣言を広め、その普遍的な尊重と理解を促進するための取り組みを強化することを呼びかけ、事務総長に対しては、本宣言を Human Rights : a Compilation of International Instruments[i] の次期改訂版に含めることを要請する。"

第44回会合　2011年3月23日　［無投票での採択］

＊人権理事会によって採択された決議と決定は、人権理事会第16会期報告書（A/HRC/16/2）の第一章に含める。

Annex　付属文書

人権教育と研修に関する国連宣言

国連総会は、
人種、性別、言語、宗教に関わらず、すべての人の、すべての人権と基本的自由を尊重することを促進し、奨励するという、国連憲章の目的と原則をあらためて確認し、
すべての個人、社会のあらゆる機関が、人権と基本的自由の尊重を促進するための教育と学習に、努力しなければならないことをあらためて確認し、
さらに、すべての人は教育への権利を有し、教育とは人格とその尊厳の自覚の十全な発達を目的とし、すべての人が自由な社会に効果的に参加することを可能にし、すべての国および人種的、民族的、宗教的集団相互の理解、寛容及び友好関係を促進し、国連による平和と安全の維持、開発と人権の促進のための活動を奨励するものであることをあらためて確認し、
世界人権宣言、経済的、社会的および文化的権利に関する国際規約、及びその他の人権文書に明記されたとおり、人権及び基本的自由の尊重の強化のための教育の確保が、各国の義務であることをあらためて確認し、
人権の促進、擁護、効果的な実現に貢献する、人権教育と研修の基本的重要性を確認し、
1993年にウイーンで開催された世界人権会議において、すべての国家と機関に対して、人権、人道法、民主主義および法の支配をすべての教育機関のカリキュラムに含めることが求められ、人権への普遍的なコミットメントを強化する目的

で、共通の理解及び意識を達成するため、国際的及び地域的（regional）人権文書に明記された平和、民主主義、発展及び社会正義を人権教育に含めるべきと明言されたこと［ii］をあらためて確認し、

各国元首が、人権教育のための世界プログラムの実施を含めて、あらゆる段階において人権教育と学習を促進することを支持し、すべての国家がこれに関わる取り組みに着手することを奨励した、2005年の世界サミット成果文書[iii]を想起し、すべてのステークホルダーによる、協同の取り組みを通じて、人権教育と研修に対するあらゆる取り組み強化すべきであるとの強力なメッセージを国際社会に対して送りたいという望みに動機付けられ、

以下を宣言する。

第1条

1　すべての人は、人権と基本的自由について知り、情報を求め、手に入れる権利を有し、また人権教育と研修へのアクセスを有するべきである。

2　人権教育と研修は、人権の普遍的、不可分、相互依存性の原則に則り、すべての人のあらゆる人権および基本的自由の普遍的尊重と遵守を促進するための基礎である。

3　すべての人権、とくに教育への権利と情報へのアクセスを実効的に享受することが、人権教育と研修へのアクセスを可能にするものである。

第2条

1　人権教育と研修とは、人権および基本的自由の普遍的尊重と遵守を目的に、人権の普遍的な文化を築き発展させることに人びとが貢献できるよう、エンパワーするための、あらゆる教育、研修、情報および啓発・学習活動から成る。それゆえ、人権教育は知識とスキルと理解を与え、態度と行動を育むことによって、とりわけ人権の侵害と乱用の防止に貢献する。

2　人権教育と研修は、次のものを含む：

　　(a) 人権の規範と原則、それらを裏付ける価値、それらを擁護するためのメカニズムについての知識と理解を含む、人権についての教育

　　(b) 教育者、学習者双方の権利が尊重されるようなやり方で行われる学習と教育を含む、人権を通じての教育

　　(c) 自分の権利を享受し、行使し、そして他者の権利を尊重し守ることができるよう人びとをエンパワーすることを含む、人権のための教育

第3条

1 　人権教育と研修はあらゆる年齢の人びとに関わる、生涯にわたるプロセスである。

2 　人権教育と研修は社会のあらゆる部分、学問の自由が適用されるところではこれに留意しつつも、就学前教育、初等、中等、高等教育を含むあらゆるレベルにかかわり、また、公立か私立か、フォーマル、ノンフォーマル、インフォーマル教育のいずれかに関わらず、あらゆる形態の教育、研修、学習を含む。人権教育には、特に職業に関わる研修、とりわけ研修担当者、教師、国家公務員の研修、継続教育、民衆教育、広報と啓発活動が含まれる。

3. 人権教育と研修は、対象となる集団の特定のニーズや条件を考慮し、その集団にあった言語や方法によって行われるべきである。

第4条

人権教育と研修は、世界人権宣言と関連する条約や文書に基づき、次の目的のために行われなければならない。

(a) 普遍的な人権の基準と原則に対する意識、理解、受容を高め、国際、地域（region）、国内のレベルで人権と基本的自由を保障すること

(b) 誰もが他者の権利を尊重し、自分自身の権利と責任についても認識しているような、人権の普遍的な文化を築くとともに、自由で平和、多元的で誰も排除されない社会の責任ある一員として、人が成長するよう支援すること。

(c) 人権の効果的な実現を追求し、寛容、非差別、平等を促進すること

(d) 質の高い教育と研修へのアクセスを通じて、すべての人が差別なく、平等な機会を保障されるようにすること

(e) 人権の侵害と乱用の防止、およびあらゆる形態の差別、人種主義、固定観念化や憎悪の扇動、それらの背景にある有害な態度や偏見との戦いに貢献すること

第5条

1 　人権教育と研修は、それを提供したのが公的な主体か私的な主体かに関わらず、平等、人間の尊厳、包摂と非差別の原則、とりわけ少女と少年、女性と男性の間の平等に基づかなければならない。

2 　人権教育と研修は、誰もがアクセスすることができ、受けることができるものでなければならない。また、障がい者も含め、傷つきやすく不利益をこうむっている人や集団の直面している特定の課題、障壁、ニーズ、期待を考慮

し、誰もが自分自身の有するすべての権利を行使することができるよう、エンパワメントと人間としての成長を助長し、排除や周縁化の原因を取り除くことに貢献するものでなければならない。

3　異なる国々の文明、宗教、文化、伝統の多様性は人権の普遍性の中に反映されており、人権教育と研修はこれらを受け入れて豊かになると同時に、そこからインスピレーションを得るべきである。

4　人権教育と研修は、すべての人のあらゆる人権を実現するという共通の目標に対するオーナーシップを高めるために、ローカルな取り組みを促進する一方で、異なる経済的、社会的、文化的環境を考慮しなければならない。

第6条

1　人権教育と研修は、人権と基本的自由の促進のために、メディアと同様、新たな情報とコミュニケーションの技術を取り込み、これを活用すべきである。

2　人権の領域での研修や啓発の手段として、芸術が奨励されるべきである。

第7条

1　国と、場合によっては政府の関連機関は、参加、包摂、責任の理念に基づき開発され、実施されてきた人権教育と研修を促進し、保障する第一義的責任がある。

2　国は、市民社会、民間セクター、その他関連のあるステークホルダーが、人権教育と研修に取り組むことのできる安全な環境をつくらなければならない。それは、そのプロセスに関わっている人びとを含む、すべての人の人権と基本的自由が完全に守られている環境である。

3　国は、単独で、あるいは国際協力を得て、入手可能なリソースを最大限に活かしながら、法的・行政的手段を含む適切な方策によって、人権教育と研修が漸進的に実施されていくように手段を講じなければならない。

4　国と、場合によっては政府の関連機関は、国家公務員、公務員、裁判官、法執行官、軍関係者に対して人権と、場合によっては国際人道法と国際刑事法についての適切な研修を保障しなければならないと同時に、教師、研修担当者、国の委託を受けて働く私人に対する適切な人権研修を促進しなければならない。

第8条

1　国は適切な段階で、人権教育と研修を実施するための戦略と政策、また、例

えば学校や研修のカリキュラムへの統合を行うなど、適切な場合には行動計画やプログラムを策定するか、策定を奨励しなければならない。その際、人権教育のための世界プログラムと、国およびローカルなレベルでのニーズや優先事項を考慮しなければならない。

2　そのような戦略、行動計画、政策、プログラムの計画、実施とフォローアップは、民間セクター、市民社会、国内人権機関を含む、関連するすべてのステークホルダーの参加を得て、場合によっては、多様なステークホルダーの関わりを奨励して、行われなければならない。

第9条

国内人権機関は人権教育と研修において、とりわけ意識の向上と、関連する公的・私的な主体を結集させる調整役を必要に応じて果たすことを含め、重要な役割を果たしうる。このことを認め、国はパリ原則に則り、実効性のある独立した国内人権機関の設置、発展、強化を促進しなければならない。

第10条

1　社会の中の多様な主体、とりわけ教育機関、メディア、家族、地域コミュニティ、NGOを含む市民社会組織、人権活動家、民間セクターは人権教育と研修を促進し、実施する重要な役割を担っている。

2　市民社会組織、民間セクター、他の関連するステークホルダーは、自らの職員や社員に対して、適切な人権教育と研修を確保することが奨励される。

第11条

国際連合、国際機関、地域的（regional）機関は人権教育と研修を、職員およびそれらの機関の下で任務につく軍人、警察官に対して実施しなければならない。

第12条

1　あらゆるレベルの国際協力は、場合によってはローカルなレベルでの取り組みを含めて、人権教育と研修を実施するための各国の取り組みを支援し、強化しなければならない。

2　国際社会、地域（region）、国、ローカルなレベルで、相互補完的に、協調して行われる取り組みは、人権教育と研修のより効果的な実施に貢献することができる。

3　人権教育と研修の領域におけるプロジェクトや取り組みに対する、任意拠出

が奨励されなければならない。

第13条

1 国際的、および地域的人権メカニズムは、その権限の範囲内で、活動の中で人権教育と研修を考慮しなければならない。

2 国は、それが適切な場合、人権教育と研修に関してどのような方策をとったのかということについての情報を、関連のある人権メカニズムに対する報告の中に、含めることが奨励される。

第14条

国は、本宣言の効果的な実施とフォローアップを確保するために、適切な方策を講じ、これに関して必要とな^(ママ)財源と人材を確保しなければならない。

[i] 訳者注:『人権：国際文書集』。人権関係の主要な宣言・規約・議定書・条約の本文を収録したもの。

[ii] A/CONF.157/24 (Part I) 1, Chap. II, para.79

[iii] 総会決議60/1

（訳：阿久澤 麻理子）

道徳・人権教育冊子作成委員会

〈委員〉　阿久澤　麻理子（大阪市立大学教員）

　　　　　池田　賢市（中央大学教員）

　　　　　岡　健（大妻女子大学教員）

　　　　　水野　佐知子（公立小学校教員）

道徳教育の実践にあたって

──人権教育としての展開可能性──

2021年5月25日　第1版第1刷

著　者　道徳・人権教育冊子作成委員会

発行者　則松佳子

発行所　株式会社　アドバンテージサーバー

　　　　〒101-0003

　　　　東京都千代田区一ツ橋2-6-2　日本教育会館

　　　　TEL：03-5210-9171　FAX：03-5210-9173

　　　　URL: https://www.adosava.co.jp

印刷・製本　シナノ印刷株式会社

ⓒ2021, Printed in Japan

ISBN978-4-86446-075-0　C 1336